PARA ENTENDER

Adolescentes na era digital

Lidia Rosenberg Aratangy

PARA ENTENDER
Adolescentes na era digital

Benvirá

Diretor editorial: Thales Guaracy
Gerente editorial: Luís Colombini
Editora: Débora Guterman
Editores-assistentes: Flavia Lago, Paula Carvalho e Richard Sanches
Direitos autorais: Carolina Hidalgo Castelani
Edição de arte: Carlos Renato
Serviços editoriais: Renata Moraes e Danilo Belchior

Foto da capa: Jonathan Kirn / Getty Images
Capa: Bress Design Editorial
Diagramação: Gustavo Marchetti
Preparação: Eveline Bouteiller
Revisão: Beatriz Antunes e Maria Fernanda Alvares
Produção gráfica: Liliane Cristina Gomes
Impressão e acabamento: RR Donnelley

CIP-BRASIL. CATALOGAÇÃO-NA-FONTE
SINDICATO NACIONAL DOS EDITORES DE LIVROS, RJ

A686a

Aratangy, Lidia Rosenberg
Adolescentes na era digital / Lidia Aratangy. - São Paulo: Benvirá, 2011.
144p.: il. (Para entender)

ISBN 978-85-02-13142-2

1. Internet - Aspectos sociais. 2. Internet e adolescentes. 3. Computadores e família. 4. Computadores - Aspectos sociais. 5. Adolescentes - Relações com a família. 6. Responsabilidade dos pais. 7. Educação - Efeito das inovações tecnológicas. I. Título. II. Série.

11-2366. CDD: 303.4834
CDU: 316.422.44

29.04.11 02.05.11 026039

1ª edição, 2011

Benvirá, um selo da Editora Saraiva.
Rua Henrique Schaumann, 270 | 8º andar
CEP 05413-010 | Pinheiros | São Paulo | SP
www.benvira.com.br

544.018.001.001

Aos meus amigos da adolescência,
com quem partilhei sonhos e angústias, e descobri
Neruda e Brecht (mas também Cecília Meireles e
Vinicius de Moraes);
juntos nos maravilhamos com a Nouvelle Vague
e curtimos filmes de samurais,
e fomos cúmplices em transgressões, e companheiros
de noites insones (pois tínhamos aprendido com Lenin que
teríamos a eternidade para dormir);
e acreditamos nos Beatles, quando diziam que o amor era
um jogo fácil,
enquanto nos preparávamos para a Revolução que iria
redimir o mundo.
E assim montamos esse repertório que agora me ajuda
a entender o adolescente da era digital, sem trair minha própria
adolescência,
e sem perder a ternura.
Jamais.

Sumário

A língua da tribo

Só pode ser outra língua: "Veja no meu blog", "vou twittar hoje de tarde", "preciso googlar esse cara!", "encontrei no Facebook"...

Alguns pais ficam perplexos quando ouvem esse tipo de conversa, não conseguem entender esse idioma novo. Sentem-se perdidos diante da adolescência de hoje, tão distante da de antes, quando eles eram filhos. Parece que tudo o que valia em termos de educação já não serve para nada. Como acompanhar e entender o alcance da nova tecnologia que abre as portas de um universo que nem a mais desvairada fantasia do passado era capaz de criar? A liberdade sem limites, as redes de relacionamento que expõem a intimidade de todos, numa promiscuidade despudorada... Aonde tudo isso vai nos levar?

Como atuar diante da força avassaladora do *bullying*, que devasta reputações e destrói amizades, como reagir diante de valores e princípios esgarçados? O que está acontecendo? Onde foi que perdemos o rumo da pacata vidinha de antanho? Será possível encontrar o caminho de volta?

Ouço essas perguntas todos os dias no meu consultório, feitas por pais e mães de adolescentes em constante sobressalto, angustiados e impotentes para impedir o afastamento de seus filhos mutantes. Fatores os mais diversos são chamados para explicar essa distância: perda da autoridade paterna, novas tecnologias que dificultam o diálogo entre gerações, desesperança dos jovens diante do descalabro da vida pública e da falta de caráter dos políticos. Felizes eram os pais desses pais, que enfrentaram questões muito mais simples e dispunham de um poder muito maior.

Para desencalacrar essa situação, não adianta apelar para saudosismos e tentar restaurar uma condição do passado que, vista daqui, parece ter sido melhor do que a atual. O passado não tem volta — e ainda que tivesse já não nos vestiria bem. E será verdadeira essa imagem da geração passada? Os adolescentes de hoje são mesmo tão mais difíceis do que os adolescentes que seus pais (e seus avós) foram?

A memória é falaciosa, faz cortes e recortes para dar às lembranças do passado o aspecto que nos apraz no presente. Afinal, valores e princípios são esgarçados em todas as gerações, para serem cerzidos em seguida, depois de passar pelo crivo imposto pelas conquistas sociais e científicas. Não fosse assim e ainda consideraríamos a escravidão um fato normal e corriqueiro, mulheres separadas ainda seriam marginalizadas, homossexuais estariam condenados à hipocrisia. E se é verdade que a internet deu ao *bullying* uma violência e um alcance infinitamente maiores do que as inscrições nas portas dos banheiros da escola, o princípio era o mesmo. O desrespeito e a violência feriam os mesmos valores que queremos resgatar agora.

A educação de hoje talvez nos pareça mais complicada que a do passado simplesmente por ser a de hoje. Cada geração tem de enfrentar os desafios de sua época. Este é o momento que nos tocou viver no Planeta Azul; é para fazer frente aos problemas deste tempo que temos de preparar nosso arsenal. É com os jovens de hoje que nos cabe dialogar, são eles os que a vida colocou em nossas mãos com a tarefa de prepará-los para construir um mundo mais justo e menos violento.

Para chegar a eles não há outro caminho a não ser conhecê-los melhor, tecer com eles uma intimidade mais verdadeira do que a que ligava pais e filhos de gerações passadas. Só assim será possível construir e preservar um vínculo pautado na confiança mútua, livre dos funestos nós da culpa e do medo, que paralisam a ação e impedem a reparação.

Este livro pretende ajudar os adultos que lidam com jovens a resgatar esse olhar e essa escuta, partindo da convicção de que é o desconhecimento do outro que leva ao estranhamento, e de que este gera a desconfiança. Conhecer melhor o adolescente, lembrar-se das próprias angústias e inseguranças durante essa fase é o caminho que proponho para a aproximação.

As perguntas que abrem cada capítulo são um convite ao leitor para que mergulhe nas lembranças de sua adolescência e de lá traga um olhar mais solidário para encarar a adolescência do filho, agora que está do outro lado do balcão.

O adolescente hoje

> *Qual é a melhor lembrança que você traz da sua adolescência? E a pior?*

Sempre me pareceu estranho ter de explicar o adolescente para pais e professores. Afinal, ninguém chega a ser pai ou professor sem ter passado pela própria adolescência. Então, por que seria preciso alguém lhes contar o que acontece nesta etapa do desenvolvimento? A memória não basta? Ou seriam os adolescentes de hoje tão diferentes de seus coetâneos de gerações passadas que a memória de pais, avós e professores não é suficiente para entendê-los?

Há, de fato, diferenças significativas entre a adolescência de hoje e a da geração anterior. Afinal o mundo está diferente, os avanços da tecnologia provocaram mudanças importantes nos relacionamentos. Mas isso não é prerrogativa deste momento específico da história da humanidade. Todas as gerações enfrentam as transformações do seu tempo e é difícil comparar o impacto dessas mudanças entre elas. A geração que viveu na primeira metade do século XX, por exemplo, passou por duas guerras mundiais. Como comparar o impacto desses acontecimentos com o provocado pela internet sobre a geração do começo do século XXI? Serão os adolescentes deste século tão diferentes dos jovens do século anterior a ponto de os pais de hoje não se reconhecerem em seus filhos?

É verdade que o fato de eles estarem multiplugados (isto é, se ligarem simultaneamente a vários canais, como internet, celular, iPod etc.) assusta os adultos, que acreditam que eles não se concentram e "perdem muito tempo". Mas parece que os jovens são mesmo capazes de dividir a atenção entre tantos estímulos — e, quanto ao tempo perdido, bem, eles têm tempo para perder.

Entre meus colegas de adolescência, alguns dos quais continuam meus amigos até hoje, havia alunos de todos os tipos: alguns estudiosos e responsáveis, sempre com as melhores notas; outros eram estudantes medianos, daqueles que passam de ano "raspando"; e outros decididamente relapsos com os estudos, que passavam a maior parte do horário de aulas no pátio da escola, jogando bola ou conversando. Todos tinham uma dose equivalente de qualidades e defeitos: nem todos os bons alunos eram bons companheiros, nem havia, entre os alunos mais irresponsáveis, amigos menos leais ou menos interessantes.

No entanto, quando conversamos com os pais e avós de hoje (que são da mesma geração dos meus colegas de adolescência), percebemos uma variação muito menor dos tipos de estudante: quando falam sobre o passado, parecem todos feitos pelo molde de excelentes alunos, modelos de disciplina e adequação. Como se só esse tipo de jovens tivesse recebido o dom de procriar. Os outros — os da turma do fundo da classe, os repetentes, os relapsos — parecem ter sido condenados à esterilidade: não deixaram descendentes! Onde terão ido parar aqueles jovens transgressores, irreverentes e espirituosos? Em que tipo de adulto se transformaram, para que ninguém os encontre?

Para ajudar a entender

Roteiro de introspecção: como você chegou aqui?

O objetivo do questionário abaixo não é encontrar as respostas certas para marcar pontos. A intenção é facilitar uma experiência de introspecção para trazer à tona a memória do adolescente que você foi, na esperança de que a lembrança de sua adolescência o deixe próximo dos adolescentes que o rodeiam.

1. Em que você, adolescente, era diferente de você criança?

2. Em que você, adolescente, era diferente do adulto que é hoje?

3. Quando adolescente, sua relação mais conflituosa era com seu pai ou com sua mãe?

4. Em sua casa havia livros proibidos?

5. Que partes do seu corpo você achava bonitas ou atraentes?

6. Que partes você mais detestava?

7. Você acha que a adolescência masculina, em nossa cultura, é mais fácil ou mais difícil que a feminina?

8. Havia alguma ideia pela qual você acreditava que valia a pena viver?

9. Havia alguma pela qual valeria a pena morrer?

10. O que você acha dessas ideias hoje?

Os pais ainda têm o que ensinar?

Quem era a pessoa mais sabida da sua casa quando você tinha 10 anos? E quando você tinha 15 anos?

Você lembra qual foi a primeira vez que ensinou a seus pais alguma coisa que eles desconheciam?

O computador gerou algumas questões com relação à dinâmica da família. Afinal, a atual geração já nasceu plugada, lida com teclas de computadores, laptops, terminais eletrônicos e outros robôs como se fossem prolongamentos de seus dedos. Os pais — e os avós ainda mais — são imigrantes em um país cujo idioma desconhecem. Basta observar o movimento num caixa eletrônico: a maioria das pessoas mais idosas entra ressabiada e observa timidamente a desenvoltura com que as crianças — que as acompanham e protegem — operam aquelas máquinas misteriosas.

A intimidade com a tecnologia garante aos jovens acesso imediato a todo o acervo de informações que a humanidade acumulou. Nessas condições, os pais ainda têm o que ensinar? Que papel cabe aos tradicionais transmissores de informações, os professores e a escola? A autoridade de pais e professores pode ser preservada, mesmo na ausência de uma hierarquia do saber?

É preciso lembrar que informação ainda não é conhecimento; e mesmo o conhecimento está longe de ser sabedoria. Numa confusão entre esses termos, em algumas famílias uma criança com informações suficientes para manejar com segurança as teclas de um computador adquire um poder desproporcional à sua competência, tornando-se um macho dominante precoce.

Essa situação é prejudicial para todos os envolvidos, pois diminui o respeito do jovem pelos adultos da casa e a autoridade dos pais — o que gera insegurança nos filhos. Mas a autoridade dos pais não se baseia na posse de informações acumuladas, e sim na responsabilidade de criar e proteger os filhos, que inegavelmente pesa sobre seus ombros. As informações são úteis para o exercício da tarefa, mas não basta ser bem informado para criar bem os filhos. A experiência e a sensibilidade, guiadas pelo afeto, são os instrumentos mais importantes deste processo.

A passagem do acervo cultural de uma geração para outra, feita tanto pelos pais quanto pelos professores, não se dá de maneira neutra e impessoal. Ao contrário, as informações vêm embrulhadas numa visão crítica, impregnada das crenças e valores de quem as transmite. Dado o bombardeio de estímulos a que nossos jovens estão expostos, cabe aos pais e educadores a importante missão de lhes fornecer uma escuta diferenciada, que os faça separar o joio do trigo. Temos, todos, a tarefa de transformá-los de esponjas em filtros, para que venham a ser aliados na batalha de fazer o mundo melhor.

O que há de errado com eles?

Há algum tempo percebo que cresce um preconceito contra o adolescente, alimentado pelos meios de comunicação e endossado por muitas escolas e até por especialistas, que usam epítetos mentirosos e de mau gosto ("aborrescentes"). Há má vontade em ouvi-los e atribuem-lhes características (impulsividade, egoísmo, alienação) que são em geral falsas — ou, quando verdadeiras, não são prerrogativas exclusivas dos adolescentes. Dizem que "adolescente é assim mesmo: mente para os pais, não tem noção do risco, e por isso se mete em lugares perigosos, não tem cuidado com suas coisas, deixa tudo na maior bagunça". Percebe-se um tom de condescendência cética com que são ouvidas as alegações dos jovens quando explicam por que foram mal numa prova, ou onde estavam quando não estavam onde deviam.

Mas por que os jovens mentem? Pelo mesmo motivo pelo qual mentem os adultos: para deixar a vida mais fácil. Mentem para evitar confrontos, assim como os adultos passam pelo acostamento para evitar a estrada congestionada. E os conselhos alarmistas ("Cuidado, jovens, ouçam seus pais!"; "Cuidado, pais, acompanhem seus filhos!") são, na maioria dos casos, inúteis, até supérfluos, e só servem para aumentar angústias e culpas. Eles levam os pais a se comportar como cães farejadores, a revistar mochilas e escutar conversas ao telefone, abrindo mão dos requisitos básicos para a construção de um relacionamento que se quer de confiança e lealdade (afinal, esse é o modelo pelo qual se pautarão os vínculos amorosos que o jovem fará).

Em 2005, os professores Yves de La Taille e Elisabeth Harkot-de-La-Taille coordenaram uma pesquisa que ouviu mais de 5 mil alunos do ensino médio de instituições públicas e particulares da grande São Paulo. Os resultados dessa pesquisa desmentem a propalada imagem do adolescente vazio, alienado e desprovido de valores. Por exemplo, a virtude pessoal considerada mais importante por mais da metade dos entrevistados é a justiça, seguida de perto pela responsabilidade, apontada por 35% dos adolescentes.

Mas a maioria dos adultos define automaticamente os adolescentes como desinteressados e preguiçosos, e considera pobre e sem conteúdo tudo aquilo de que os jovens gostam. É verdade que esse jovem altruísta, impregnado de valores como respeito pelo próximo e anseio de justiça — que a pesquisa inquestionavelmente revela — não parece frequentar nossas salas de aula ou de visitas, como se queixam professores e pais.

Será que há algo nos espaços da família e da escola que não favorece a expressão desses valores?

O que há de errado conosco?

Talvez como um prenúncio da dor da separação, alguns pais (sobretudo algumas mães!) têm dificuldade para aceitar o crescimento dos filhos e tentam, às vezes inconscientemente, retardar a passagem de uma etapa de desenvolvimento para a seguinte. Essa tendência se manifesta ao longo de todas as fases e se expressa de maneiras diferentes, desde uma dificuldade em ajudar a criança a largar a chupeta ou a mamadeira até impedir que ela acompanhe os programas de seus coleguinhas de mesma idade. É verdade que não é fácil se acostumar com a ideia de que as crianças começam a percorrer caminhos diferentes dos trilhados até então, muitos dos quais os pais desconhecem. Mas felizmente, por maior que seja o esforço dos pais, a criança passa dos dentes de leite à dentição permanente, da mamadeira à papinha, e desta aos sanduíches com gordura trans.

Apesar dos muitos cortes que o antecederam, o corte da adolescência costuma ser o mais dramático, pois aí os pais percebem que já não são os protagonistas do enredo dos filhos, lugar que passa a ser ocupado pela turma e, depois, pelos namorados. Esses novos personagens passarão a ser aliados e companheiros na descoberta de emoções e na abertura de caminhos dos quais os pais estarão excluídos.

Novas roupagens para festas antigas

Nem todas as novidades são efetivamente inovadoras: algumas apenas revestem com avanços tecnológicos as velhas soluções, agora exibidas com roupagens mais brilhantes e eficientes. Assim como o telefone ampliou a capacidade de falar e ouvir pessoas distantes, a internet amplia nossos olhos e ouvidos, fazendo com que as imagens e os pensamentos atinjam mais pessoas e, sobretudo, cubram instantaneamente distâncias maiores.

Até os blogs, Twitter e Facebook tiveram seus precursores, usados por adolescentes de gerações anteriores. Os "Questionários de amor", bem conhecidos pelas avós dos adolescentes de hoje, preenchiam a função de expor experiências e ideias a uma rede social que incluía conhecidos e desconhecidos. Era um caderno comum, cuja dona escrevia uma pergunta em cada folha, e numerava as linhas de 1 a 10, com um espaço de três linhas entre os números. O "Questionário" era passado para as amigas, que respondiam às perguntas de cada página, sempre nas linhas cujo número lhe tinha sido designado (a primeira era sempre reservada à melhor amiga ou ao namorado).

O caderno-questionário permanecia por dois ou três dias sob a guarda de cada colega, que não se furtava de ler as respostas dos outros nem tinha o compromisso de preservar o caderno dos olhos curiosos de suas amigas. Assim, as amigas da proprietária e as amigas das suas amigas ficavam sabendo de várias opiniões, preferências e confidências de todos os que tinham se submetido ao questionário, numa rede social ampliada, que antecipava os Facebook e Orkut de hoje. As perguntas não eram padronizadas, mas algumas apareciam em praticamente todos os cadernos. Ao lado de perguntas inocentes (filmes preferidos, atores mais queridos, as melhores férias da vida etc.), havia outras mais indiscretas (que hoje soam incrivelmente inocentes), como: "Você já foi beijada?", "De língua?" (alguns mais ousados queriam saber por quantos!); "Quem entre nossos colegas é o homem (sic!) dos seus sonhos?".

Ontem como hoje, não havia compromisso com a verdade. Cada um podia se apresentar conforme ditassem a própria fantasia e ousadia. E, então como agora, havia jovens maldosos que se aproveitavam das informações para expor e achincalhar colegas.

Numa antecipação dos blogs atuais, muitas meninas escreviam diários, que eram cuidadosamente protegidos de olhares indiscretos — ao contrário do que se faz hoje. Havia inclusive cadernos criados especialmente para esse uso, com capas de couro e um pequeno cadeado para garantir o sigilo do conteúdo, que só era mostrado para a melhor amiga.

Serão mesmo os adolescentes de hoje muito diferentes de seus avós? Ou a diferença está apenas nos recursos tecnológicos de cada época?

Discordar é preciso

As discordâncias e embates entre pais e filhos fazem parte do teste que os filhos inventam para descobrir se o amor dos pais está subordinado à condição de dependência. Quando uma criança insiste em desobedecer, quando um adolescente discute agressivamente com seus pais, estão questionando se eles continuam a amá-los ainda que tenham um comportamento inadequado.

Em situações assim, os pais devem deixar claro que o amor incondicional que efetivamente sentem pelos filhos não é sinônimo de aprovação irrestrita de suas atitudes. "Não gosto do que você faz" é diferente de "Não gosto de você". Só assim os filhos terão a confiança necessária para pedir a ajuda dos pais quando, devido a escolhas inadequadas, fracassarem em novas conquistas. E só assim serão capazes de formar vínculos amorosos saudáveis, em que as diferenças e discordâncias podem ser respeitadas, e não combatidas.

Para que serve o castigo?

Um castigo deixa de ser educativo quando já não serve para ensinar e passa a ser meramente um instrumento de vingança ou um exercício de poder. O castigo que humilha provoca uma reação de raiva e impotência que não contribui nada para o processo de aprendizagem. Para funcionar, o castigo deve estar diretamente ligado à falta cometida e ser proporcional a ela. Sua aplicação deveria ser feita logo após a transgressão e, se possível, criar condições para que o faltoso possa reparar o mal que fez.

Pais que tentam impor punições que não conseguem sustentar dificilmente conseguirão se fazer respeitar. Dizer que o filho *nunca mais* vai pegar o carro, por exemplo, é seguramente uma mentira. Colocar prazos impossíveis não serve como rédea. Se os pais não sabem até onde conseguirão sustentar determinada imposição, é preferível usar uma fórmula do tipo: "Você não vai sair de casa até segunda ordem".

Dar explicações, apontar saídas e, eventualmente, renegociar a norma descumprida é certamente mais trabalhoso do que simplesmente punir. Mas é esse o objetivo da educação, da qual o castigo faz parte. E o processo, para ser verdadeiro e efetivo, exige constantes atualizações das regras, para que se mantenham adequadas a novas situações e a novas conquistas do jovem.

Numa família em que responsabilidades e compromissos são compartilhados com o adolescente, a necessidade de punição pode ser drasticamente reduzida. Mas, cumpridas as condições elencadas acima, o castigo deve ser aplicado com serenidade e convicção, sem que os pais se sintam culpados nem o jovem desrespeitado.

Quantas separações marcam o caminho da liberdade?

Qual foi a primeira viagem que você fez sem os pais nem a escola? Você teve algum problema nessa viagem que não conseguiu resolver sem a ajuda de um adulto?

A primeira separação entre mãe e filho se dá no momento do corte do cordão umbilical. A natureza não consulta nenhum dos envolvidos para decidir se está na hora de separá-los, e a relação entre um recém-nascido e sua mãe é quase tão simbiótica quanto antes do nascimento, como se fôssemos marsupiais — cujos filhotes, depois de sair do útero, permanecem por algum tempo dentro de uma bolsa abdominal, no corpo da mãe.

O corte seguinte será o desmame, que muitas mães sentem como o primeiro abandono do filho. O leite funciona como um substituto do cordão umbilical e o desmame, ao mesmo tempo que representa um alívio e uma libertação para a mãe, marca a primeira perda real de sua importância para a sobrevivência do filhote. Agora, outras fontes poderão suprir as necessidades nutricionais da criança, até então totalmente atendidas pelo leite materno. Toda mãe intui que, depois do desmame, nunca mais será capaz de produzir, material ou simbolicamente, um alimento assim adequado para as fomes de seu filho.

Quando a criança ensaia os primeiros passos, uma nova separação se anuncia: a conquista da competência de andar sozinho, sobre as próprias pernas. Isso confere a autonomia para afastar-se dos pais e, até certo ponto, para escolher o próprio rumo. Ao mesmo tempo que festejam e registram a nova proeza do filhote, os pais percebem que a criança está dando os primeiros passos na longa marcha em direção a seu destino particular, para longe deles.

A etapa seguinte (que nas meninas costuma anteceder a locomoção) é representada pelo acesso à palavra, prerrogativa e característica dos humanos, que desvela todo um novo universo de comunicação. A fala abre caminho para as contestações e confrontos que estão por vir, mas, ao mesmo tempo, constitui-se numa nova e ilimitada forma de contato entre os pais e o filho. Sair das fraldas, ir para a escolinha, trocar os dentes provisórios pelos definitivos — tudo isso são ensaios que preparam pais e filhos para o momento da verdadeira separação, quando os filhos saírem de casa e formarem a própria família.

Cada nova etapa que a criança atinge representa um progresso e uma perda: ganha-se autonomia (de ambos os lados), mas perde-se a condição anterior, com todas as vantagens e prazeres inerentes a ela. Pais e bebê têm uma despedida a lamentar a cada conquista: o bebê que toma a sopinha, empunhando sozinho a colher, expulsa o bebê que mamava ao seio; a criança que anda com desenvoltura perde o direito de ser sempre carregada ao colo; e assim por diante.

As rupturas são menos sofridas se as etapas anteriores tiverem transcorrido de forma tranquila para todos os envolvidos — isto é, se as necessidades da criança forem atendidas por pais amorosos e confiantes, que preparam o filho para superar as novas etapas e também demonstram possuir recursos para preservar o vínculo por outros canais. Para o desenvolvimento da criança, é fundamental que ela sinta que os pais apoiam seus movimentos de autonomia e continuam a amá-la mesmo quando discordam dela.

Os pais atrapalham?

Os filhotes de aves, assim que saem da casca e enquanto não aprendem a voar, são alimentados pela mãe. Quando sentem fome, erguem a cabeça e escancaram o bico, para que a mãe lhes coloque bem no fundo da goela o alimento que ela regurgita. Depois, quando os filhotes já têm autonomia para voar pequenas distâncias, eles passam a ciscar o chão, em busca de sementes e larvas. Então, a posição para se alimentar muda: os filhotes mantêm a cabeça baixa e os bicos quase fechados, enquanto procuram pela comida — e tornam-se rapidamente eficientes para alimentar-se sem ajuda. Mas esse comportamento só aparece na ausência da mãe: quando ela se aproxima, eles imediatamente param de ciscar e erguem a cabeça, com o bico aberto, como se voltassem à condição de dependência.

Pois o filhote humano tem um comportamento parecido. Ao lado dos pais (sobretudo da mãe), crianças e adolescentes tendem a comportar-se de forma regressiva, como se tivessem menos competência do que realmente têm. No atendimento de adolescentes, quando eu convidava os pais para uma sessão conjunta, muitas vezes me surpreendi ao observar o jovem que eu até então atendia se transformar numa criança. Numa estranha metamorfose, aquele rapaz de postura ereta e fala firme transmutava-se numa criança encolhida e gaguejante, ou a mocinha independente e sofisticada virava uma menininha suplicante.

Essa mudança de atitude revela um pacto secreto e muitas vezes inconsciente entre pais e filhos, como se ambas as partes soubessem que a ruptura que se aproxima é mais séria e mais verdadeira do que as anteriores. O que os pais esquecem — e os filhos não sabem — é que essa ruptura, assim como as anteriores, também não é definitiva.

A crise da adolescência

Mas essa é, sem dúvida, mais turbulenta que todas as rupturas anteriores. Como as condições de dependência dos filhos já não são tão evidentes e vitais quanto eram na infância, pais (e filhos!) temem que desta vez, ao contrário das experiências anteriores, o corte seja irreversível. A insegurança pode fazer os embates atingirem níveis de agressividade que tocam as raias do intolerável, acentuando o medo da ruptura.

Há, de fato, novas dores, de um e de outro lado. Na adolescência, os pais são obrigados a encarar sua impotência diante das frustrações dos filhos — sobretudo aqueles pais que não mediram esforços para atender os desejos de suas crianças, fossem brinquedos, passeios, roupas ou concessões. Agora isso é impossível, e os pais não têm como controlar as fontes de frustração. É intolerável admitir que, baldados todos os sacrifícios para criar filhos felizes, não há o que fazer diante da infelicidade do garoto que levou um fora da namorada; não há o que dizer para a garota que se debulha em lágrimas ao lado de um telefone que não toca.

Nenhum pai ou mãe teria o poder de trazer de volta a namorada do garoto, ou de obrigar o "ficante" da véspera a se interessar pela menina. Mas pais tolerantes à própria frustração e que cultivaram uma relação de intimidade com os filhos saberão oferecer o aconchego adequado para que os inevitáveis sofrimentos possam ser digeridos com mais conforto e segurança.

Meu quarto é meu castelo!

O adolescente faz do próprio quarto um mundo particular, com fronteiras bem demarcadas que o separam do restante da família. Os adultos têm um comportamento parecido com relação à casa, pois preferem assistir aos filmes e comer em casa, em vez de ir ao cinema ou restaurantes, recorrendo ao serviço de entrega de pizzarias e locadoras. Quando eram adolescentes, esses pais também se fechavam no quarto (em geral, batendo a porta). A diferença é que os quartos nunca foram tão equipados como são agora, quando os jovens têm tudo de que gostam e precisam no interior dessas quatro paredes. Lá eles conversam com os amigos e desconhecidos, encontram o material para fazer os trabalhos da escola, veem televisão e assistem a filmes.

Por mais confortável e seguro que seja o costume de isolar-se, ele traz sérias desvantagens para o desenvolvimento emocional, pois esses contatos virtuais não substituem a convivência direta entre as pessoas. Os adultos também têm medo de andar pelas ruas e convivem pouco com os amigos. Os adolescentes apenas repetem o que veem os adultos fazer.

Este cordão é mágico

O sonho de uma adolescente de 16 anos que atendi num processo de terapia familiar ilustra de modo eloquente as transmutações do cordão umbilical.

Estudante de Arte, ela estava às vésperas de uma viagem para a Austrália, que faria sozinha, para estagiar por alguns meses com um respeitado profissional de sua área. As preocupações dela e dos pais com a viagem tinham ocupado a sessão anterior àquela em que a jovem narrou o sonho abaixo (note-se que, quando o sonho ocorreu, ainda não havia celulares nem telefones sem fio):

— Eu estava falando com minha mãe pelo telefone, e comecei a andar com o fone na mão. Eu me afastava cada vez mais da mesinha do telefone, mas a ligação não caía nem ficava mais fraca. Saí de casa, fui até o aeroporto, peguei o avião, e ela e eu continuávamos a conversa, como se eu ainda estivesse na sala. Fiquei espantada com a elasticidade daquele fio, que se esticava sem se romper, e me perguntava se ele conseguiria espichar até Sidney — mas então acordei, antes de o avião aterrissar. Não é estranho?

— Não, não é nada estranho — respondi, enquanto a mãe sorria comovida. — Esse fio vai até onde você estiver, pode ficar sossegada.

Será possível fazer imagem mais perfeita do fio mágico que une mãe e filha? A palavra, enquanto comunicação verbal, é sem dúvida um digno representante do cordão umbilical.

A internet, o avião e Santos Dumont

Qual era a maior implicância dos seus pais durante sua adolescência? Como você reagia a isso?

Os pais que brincavam na rua ou na escola de amarelinha e de pega-pega sentem-se inseguros para orientar os filhos, cada vez mais afastados dessas brincadeiras e sempre plugados na TV, jogando videogames e navegando na internet. Por mais difícil que seja, dosar as horas em frente à tela, seja da TV, seja do computador, é fundamental para a saúde física e mental da criança e do adolescente, também porque são horas roubadas do contato com outros seres humanos. Mesmo cansados de ouvir que têm de ser mais presentes, ainda que estejam fartos de saber que precisam ser participativos, os pais não tem como fugir: sem essa intervenção fica difícil conseguir mudança de atitude dos filhos. É impossível isolá-los dos meios de comunicação (nem isso seria desejável), mas é função dos pais ajudá-los a construir uma rede de percepção, para criar barreiras internas contra influências indesejáveis.

Essa dificuldade não é nova. Os pais de todas as gerações devem ter sentido a mesma impotência diante das inovações de seu tempo. Num atrevido voo de fantasia, podemos imaginar os hominídeos que entravam na Idade do Fogo, assustados ante o poder devastador da nova conquista, tentando transmitir às suas crias: "Cuidado, fogo queima!". E os perigos inaugurados pela invenção da roda? "Vai esmagar o seu pé!", pensariam os adultos da Idade da Pedra.

Assim tem sido desde sempre, ao longo da História. Todas as invenções e descobertas traziam, junto com avanços e vantagens, novos riscos. O avião, inventado para encurtar distâncias, também é uma perigosa arma de destruição, quando usado na guerra. O telefone serve para buscar ajuda numa emergência, mas também para montar armadilhas e simular sequestros. Já houve o fenômeno oposto: a invenção do raio laser foi brindada na literatura de ficção (sobretudo em histórias em quadrinhos) com o apelido de "raio da morte", antecipando seu uso como arma mortífera. No entanto, não foi isso que se deu: o raio laser é, de fato, um poderoso instrumento do bem, capaz de reduzir drasticamente o risco de procedimentos cirúrgicos e de trazer para nossos ouvidos, com precisão, as melhores orquestras do mundo.

Portanto, diante da internet, os pais devem fazer o que sempre fizeram seus pais e os pais de seus pais: "não fale com estranhos" é uma recomendação que as mães fazem aos filhos desde que o homem juntou o poder da fala à capacidade de locomoção. Hoje, como sempre, é preciso estar por perto e atento, para ter com os filhos uma verdadeira intimidade, baseada na confiança mútua — conscientes de que o controle é importante, embora a vigilância seja impossível.

Os pais precisam ensinar os filhos a lidar com os perigos da exposição da própria imagem, das consequências de atitudes agressivas contra colegas, dos riscos da exibição descuidada de senhas... Não lhes cabe o direito de alegar ignorância para lidar com computadores ou incompetência para acessar a rede. Os pais devem aprender a lidar com os instrumentos do seu tempo. Aqueles que não têm acesso à rede e não sabem mexer no computador são como os analfabetos de algumas gerações atrás.

O maior risco da manipulação da internet é que a rede confere um grande poder de divulgação, ao mesmo tempo que isenta o usuário de qualquer responsabilidade pelo material que divulga. Poder sem responsabilidade é uma combinação perversa e perigosa, que favorece a prática de condutas violentas e antiéticas.

Numa postura irreal e quase ingênua, muitos jovens se comportam como se a vida virtual estivesse totalmente separada da realidade, e muitas vezes publicam informações falsas e insultos grosseiros contra colegas, que chegam ao ambiente escolar e provocam danos às vezes irreparáveis. Há um paradoxo na juventude de hoje: por mais informada e informatizada que seja, é composta de jovens mais infantilizados e regredidos que os de gerações passadas. Essa confusão entre realidade e fantasia é uma característica da infância, que os adolescentes já deveriam ter ultrapassado. Mas não é o que se vê. Prova disso são os poucos livros e os muitos filmes que hoje fazem sucesso com o público jovem. São histórias de mágicos e vampiros, cujos enredos não escondem a proximidade com os contos de fadas que encantam a infância.

O que a internet faz com o cérebro?

Pesquisas revelam que nossos jovens são capazes de se ocupar simultaneamente com atividades múltiplas e diferentes. Escrevem um texto no computador ao mesmo tempo que ouvem música com fones de ouvido, verificam as mensagens que receberam pela internet, informam-se sobre as últimas fofocas da turma nas redes sociais... Mas será que a clareza e a profundidade do texto que escrevem enquanto se dividem entre tantas tarefas não ficam prejudicadas pela dispersão? Será que as conexões cerebrais não são alteradas pela avalanche de informações simultâneas a que estão expostas?

Esse tipo de atividade não serve para estimular a reflexão ou favorecer a concentração — nem a internet se propõe a tanto. Seria altamente desejável — e certamente saudável — que o tempo dedicado a tantas tarefas fosse intercalado com momentos de silêncio e verdadeira solidão, longe do computador.

Não há escapatória: os pais têm mesmo a obrigação de se atualizar e de se dar ao trabalho de impor limites, o que implica controle e sanções. Mas muitos não estão dispostos a pagar o preço, que inclui tolerar a frustração dos filhos, algo insuportável para alguns.

Efeito nefasto

A leitura de ficção está decididamente fora do campo de interesse de muitos jovens internautas, como atestam inúmeras pesquisas. Embora exista hoje uma farta literatura dedicada ao público jovem, as raras obras que fazem sucesso entre os adolescentes não são histórias que se passam entre pessoas normais, com as quais eles possam se identificar. Esses jovens também não costumam frequentar cinemas, e quando o fazem é para assistir a desenhos animados ou a transposição para o cinema de histórias em quadrinhos ou dos livros que conhecem. Assim, o repertório desta geração está limitado ao que encontram na internet, onde são assíduos frequentadores de sites de pornografia. Ou seja, muitos fazem um voo sem escalas dos desenhos animados infantis às apimentadas cenas eróticas do filme pornô.

Sem outras referências, sem um acervo de leitura de romances com os quais diluir e relativizar essa imagem da sexualidade, muitos acreditam que o ato sexual entre duas pessoas comuns se reveste das mesmas características que veem na telinha do computador — e ficam com medo e vergonha de fracassar diante de uma namorada ou colega. A angústia diante da perspectiva de fracasso ("O que a turma vai dizer?", pensa cada um deles) provocou uma reviravolta anacrônica e contraditória depois das preciosas conquistas sociais e científicas que libertaram os jovens de vários tabus e permitiram uma separação segura entre sexo e reprodução. Talvez estejamos de volta a uma situação que acreditávamos totalmente ultrapassada: adolescentes intimidados pedindo ao pai (ou, mais frequentemente, a um tio) que os ajude na busca de uma profissional para iniciá-los no universo da sexualidade.

TV, revistas, jornais...

O Instituto Ipsos conduziu uma pesquisa em dez países (Estados Unidos, Canadá, Brasil, México, China, França, Alemanha, Itália, Espanha e Reino Unido) sobre o uso que as crianças e os jovens fazem do tempo de lazer. Em cada país, foram ouvidos quinhentos pais ou responsáveis por crianças e adolescentes de 2 a 17 anos, exceto nos Estados Unidos, onde foram ouvidos mil pais. A pergunta básica era: "O que seus filhos fazem todos os dias, durante o tempo livre?". Os resultados foram os seguintes.

1. O Brasil é o país onde crianças e adolescentes mais veem TV: 57% dos pais disseram que seus filhos ficam mais de três horas por dia diante do televisor, enquanto a média entre os outros países é de uma a duas horas.

2. Brasil e México são os países onde os jovens menos usam seu tempo com a leitura de livros: 43% dos pais disseram que seus filhos nunca fazem isso. A média das demais nações é de uma a duas horas.

3. No Brasil as crianças passam pouco tempo brincando com amigos (43% dos pais responderam que elas não fazem isso) e praticando esportes em equipe (79% afirmaram que seus filhos não participam dessas atividades).

Importante: a pesquisa no Brasil, no México e na China foi feita apenas em centros urbanos, alguns violentos (São Paulo, Rio de Janeiro, Recife e Belo Horizonte).

Por que a criança brasileira está entre as mais empolgadas com a tecnologia?

Podemos aventar algumas hipóteses, mas a pergunta não pode ser respondida com certeza. Poucas crianças no restante do mundo reúnem, como a brasileira, o acesso à tecnologia e a necessidade de se encasular (e não há dúvida de que os aparatos tecnológicos tornam o casulo mais tolerável). A violência urbana tem um papel importante nessa dinâmica, mas esses resultados se devem a uma mescla de fatores, dos quais fazem parte a política educacional (no Brasil passa-se menos tempo na escola do que na América do Norte e na maioria dos países da Europa) e as atitudes dos pais.

Nossos jovens não só leem pouco como também não conseguem entender o que leem. A leitura é, acima de tudo, uma experiência emocional, mais do que intelectual — por isso, recomenda-se que as crianças comecem por ler histórias que mobilizem sentimentos. Conversar sobre o que foi lido, relacionar os episódios do livro com experiências da criança, falar das próprias emoções mobilizadas pela história são atividades que fortalecem o vínculo com o livro e ampliam o desfrute da leitura. O gosto pela leitura é alimentado pelo interesse que os pais demonstram por livros e seu conteúdo.

Para reverter o quadro de filhos excessivamente ligados ao computador e à televisão e desinteressados da leitura, a atitude mais eficiente que os pais podem tomar é a de se mostrarem leitores assíduos. Mas... quantos livros esses pais leem por ano? Quantas histórias contam para seus filhos pequenos? Tudo isso dá trabalho, exige tempo, mas não existe caminho melhor. Pais leitores têm mais chance de ter filhos leitores, simplesmente porque as crianças percebem que aquele objeto (livro) é importante, ou então não prenderia assim a atenção de uma pessoa tão importante.

A televisão só se transforma em vilã quando é tirada do seu lugar de produtora de lazer e informação e colocada na função de babá ou professora. Ela é feita para divertir, para informar e para ajudar a vender sabão em pó, bonecas, tênis. Sua função não é educar nem ensinar.

Sexo

Com quem você tirava suas dúvidas sobre sexo na adolescência? Você lembra como se sentiu em sua primeira relação sexual?

A maioria dos pais ainda sente dificuldade para conversar abertamente com os filhos sobre sexo. Sugerir que eles devem falar sem constrangimento é, mais do que inútil, uma falta de respeito. A compreensão intelectual não garante a aceitação emocional, e no contato com os filhos a emoção é sempre soberana. Psicólogos e educadores precisam respeitar a falta de jeito dos pais, e aceitar que eles até confessem aos filhos que não se sentem à vontade para responder a algumas perguntas. Afinal, ninguém da geração passada deve ser condenado por não conseguir aceitar com naturalidade a visão de um casal de mulheres se beijando numa cena de novela, ou por reagir com perplexidade diante de um filho que se confessa homossexual.

Se não houver tolerância para com o constrangimento, ele pode se transformar em rigidez, e então um fanatismo religioso facilmente se interpõe na conversa, aumentando ainda mais a distância entre pais e filhos. A propósito da religião, convém lembrar que a proibição do adultério está entre os dez mandamentos (a da homossexualidade não), embora ninguém ache constrangedor assistir na telinha a uma relação adúltera...

Como conversar?

Para iniciar essa conversa, existem vários ganchos que ajudam pais e filhos a entrar em sintonia: assistir a um filme juntos, ler os livros ou revistas que os filhos estão lendo, conhecer as músicas que eles curtem são formas de se aproximar e de abrir caminho. Não adianta procurar por modelos, a conversa deve se ajustar ao relacionamento que existe entre esses interlocutores. Os pais devem respeitar os próprios limites e os dos filhos, garantindo a delicadeza necessária para que um não invada o espaço do outro.

Para saber até onde levar a conversa, é preciso estar atento às próprias reações e às dos filhos. Talvez o jovem não queira ser informado sobre as experiências sexuais dos pais e até se sinta constrangido ao ouvi-los falar sobre isso. Da mesma forma, ele tem o direito de não querer se abrir sobre a vida sexual dele, de não contar como foi a primeira vez nem de confessar se está transando com a namorada.

Nessa conversa, ninguém precisa buscar a perfeição. Não é preciso saber tudo para falar sobre sexualidade e transmitir as informações importantes sobre as formas de prevenção. Existe um mito de que, para falar sobre sexo, as pessoas precisam estar totalmente bem informadas e seguras, mas ninguém é assim. Se a conversa transcorrer naturalmente, se os pais puderem inclusive assumir suas dúvidas e pudores, o diálogo ficará mais espontâneo. Mas, se não puder ser assim, não faz mal. A vantagem de pertencer à mesma família e morar na mesma casa permite que o encontro seja adiado para outro momento, mais propício a uma conversa.

Muitos pais fingem ignorar que os filhos adolescentes são sexualmente ativos, querendo crer que eles ainda são crianças e não estão preparados para assumir a própria sexualidade. Ao não conversar sobre esse assunto, esses pais fogem de qualquer responsabilidade sobre a vida sexual do adolescente. É uma escolha que, como toda decisão, acarreta consequências. Os pais podem até fingir que não sabem o que se passa no quarto ao lado, onde o filho está transando com a namorada. Mas vai ser mais difícil ignorar a eventual gravidez com que o jovem casal pode ser brindado — cujas consequências eles não terão como arcar sem a ajuda dos pais.

Encontrar um amor é sempre reencontrá-lo

Nosso modelo de relacionamento amoroso deriva dos vínculos afetivos que conhecemos nos primeiros tempos de vida, na sutil linguagem que impregna o relacionamento da mãe com seu bebê: como ela o pega e acaricia, o tom de voz que usa para se comunicar com ele, a direção de seu olhar quando o limpa, veste, desveste. Através desses sinais, a criança estabelece internamente um código da linguagem do afeto, como se montasse um glossário, no qual o amor é definido como aquilo que os pais sentem por ela — e os sinais que expressam essa emoção são os que ela recebe dos pais.

Muitos desses sinais são determinados pela cultura, mas alguns são específicos de cada família. Quando se diz que uma menina vai buscar, quando adulta, um parceiro que seja o reflexo da sua imagem paterna, isso não quer dizer que ela tende a se apaixonar por um homem alto e loiro porque o pai dela é assim. Significa que a pessoa escolhida deverá ter um código amoroso compatível com o que ela conheceu quando menina, e deve emitir sinais de afeto nos quais ela reconheça a linguagem amorosa que aprendeu com seus pais.

Para que serve uma mãe?

Quando uma criança que está aprendendo a andar leva um tombo, sua reação imediata é olhar para a mãe: através da reação que capta na expressão dela, a criança entende o significado do que lhe aconteceu. Se a mãe der risada, a criança interpreta o tombo como engraçado, e vai rir junto com a mãe; se a mãe se mostrar assustada, o tombo é classificado como perigoso, e a criança chora.

O processo é essencialmente não verbal (o que define a experiência não é o que a mãe diz, mas sua expressão, o tom de sua voz, o ritmo de sua respiração) e, em grande parte, inconsciente (nenhum dos envolvidos tem consciência do que transmite ou capta). O código de sinais assim transmitido nos marca para sempre, e o processo reaparece na vida amorosa: junto da pessoa amada, procuramos os sinais que representavam aprovação e desaprovação no código parental.

Amor e liberdade

Recebemos as primeiras lições de amor imersos num contexto de total dependência. Assim, amor e dependência parecem ligados, e tanto os pais quanto a criança temem que movimentos de autonomia ameacem o vínculo. Se esse falso dilema entre liberdade e amor não for resolvido, o indivíduo vai identificar amor com dependência e terá dificuldades para estabelecer um vínculo amoroso, por acreditar que para viver uma relação amorosa é necessário renunciar à liberdade. Pode, então, abrir mão do vínculo amoroso e tornar-se um eterno solitário, acreditando que o amor lhe imporia um preço alto demais. No outro extremo estão aqueles que renunciam à liberdade em nome da relação amorosa: formam casais cujos parceiros não têm vida própria e funcionam como uma única pessoa. Para eles, o amor faz parte do universo das necessidades, e não dos desejos.

Flertar, paquerar, ficar

São palavras diferentes para designar, em diferentes épocas, atividades que têm a mesma finalidade. Não são exatamente sinônimos, mas os termos se equivalem. Os gestos envolvidos nos *flertes* da década de 1950 não são os mesmos da *paquera* de trinta anos depois, nem do *ficar* do começo do século XXI, mas todos têm o mesmo significado e função: um ensaio para a vida amorosa, um laboratório para futuros relacionamentos. Assim como as brincadeiras infantis preparam a criança para a vida real, as experiências adolescentes preparam o jovem para a entrega amorosa.

Embora com funções equivalentes, há diferenças que refletem as mudanças da sociedade: maior permissividade, mais informações sobre sexualidade e sobre o próprio corpo, uma valorização do direito ao prazer (que já está virando, mais do que um direito, uma obrigação...), uma tendência à exibição (talvez uma forma pelo avesso do antigo "o que os outros vão pensar?"). Ao longo do tempo, as normas parecem permitir uma aproximação física cada vez maior entre os parceiros, atualmente limitada apenas pela timidez e o recato de cada um. Difícil prever até onde se pode encurtar o caminho entre o primeiro olhar e o contato sexual completo sem que o ritual perca a função original de ensaio para a vida amorosa.

Ficar é menos do que namorar, em todas as dimensões: há menos envolvimento, menos compromisso, menos regras e, principalmente, menos expectativas — e a expectativa é a mãe das frustrações. Quem não espera um telefonema no dia seguinte fica menos desapontado quando o telefone não toca. Assim, esse é um jeito bastante eficiente de diminuir a ansiedade. Só que nem sempre dá certo: os sentimentos não estão sujeitos aos contratos de não envolvimento, explícitos ou não, e ninguém pode jurar que não ficou especialmente atento ao toque do telefone depois de uma ficada.

A experiência pode ser prazerosa e instrutiva: o "ficante" tem a chance de se conhecer numa situação nova, de perceber a maneira como seu corpo reage à aproximação do outro, de entender melhor a química da excitação sexual. Mas a experiência não serve para conhecer o parceiro: cada um está atento às próprias reações e sentimentos, e não às respostas e desejos do outro. Falta, no ficar, uma parte essencial do relacionamento amoroso, que é o contato íntimo com alguém — uma das formas mais preciosas de autoconhecimento.

Além de olhar para si mesmo, o "ficante" costuma prestar atenção às reações da turma, que exerce enorme influência. Há ainda diferenças cruéis entre garotos e garotas. Apesar de todos os movimentos feministas que lutaram para que homens e mulheres fossem julgados pelos mesmos princípios e recebessem tratamento igual, a menina ainda tem medo de ser considerada "galinha" se ultrapassar certo número (que ninguém sabe direito qual é) de ficadas por festa; enquanto muitos meninos se vangloriam do mesmo feito, e até exageram para fazer bonito.

Então, embora o ficar tenha o mesmo objetivo para garotos e garotas, as expectativas, explícitas ou não, são diferentes para eles e elas. Enquanto os garotos estão voltados para a quantidade de garotas com quem ficam (quanto mais, melhor), elas têm mais esperanças de telefonemas posteriores e muitas ainda sentem ciúmes ao encontrar o garoto com outras meninas na mesma festa, embora não gostem de reconhecer esse sentimento.

Namoros adolescentes

Ainda hoje, apesar das várias modalidades e intensidades dos vínculos (ficar, rolo, rolo único... e tudo mais que a criatividade infinita dos jovens inventa), o namoro continua sendo uma forma de aprofundar o relacionamento amoroso, uma espécie de ensaio para a escolha de um parceiro. A diferença é que hoje em dia os namoros começam mais cedo, como tudo mais.

Não há regras ou limites claros para os namoros atuais, nem o nível de intimidade entre os parceiros está ligado à idade cronológica. Contam mais a estrutura emocional, a maturidade para fazer escolhas e tomar decisões. À medida que avança o processo de desenvolvimento individual, a tendência é que a preocupação com o parceiro e com as próprias reações tome o lugar da busca pela aprovação do grupo.

Os jovens estão mais seguros do que estavam seus pais para falar sobre assuntos como namoro, amor e sexo, mas não estão menos inseguros do que seus pais para expor seus sentimentos.

Alguns pais se preocupam diante da intensidade com que seu filho se entrega a uma relação amorosa, temendo que o vínculo se perpetue num casamento com poucas chances de dar certo. Mas nada garante que se casar com o namorado de adolescência tenha mais chances de dar errado (ou certo). Quando a relação data da adolescência, a fantasia de conhecer profundamente o parceiro pode estar exacerbada, e assim as inevitáveis surpresas que a convivência provoca podem levar a maiores frustrações. Mas essa ilusão vale para todos os casais, de qualquer idade, pois ninguém conhece direito nem o parceiro nem a si mesmo.

Os pais temem também que, ao se fixar no namoro da adolescência, o jovem seja futuramente assolado por dúvidas, por não ter tido outras experiências e, assim, não saber se é mesmo o parceiro certo. Mais tarde, o jovem também pode sofrer com a dúvida de que não tem condições de seduzir e agradar outra pessoa. Mas o fato de ter conhecido intensamente um único parceiro não significa que se sabe menos sobre agradar as pessoas do que alguém que conheceu superficialmente muitos parceiros. Conhecer muitos não significa conhecer todos, de modo que a insegurança quanto a ter escolhido "o melhor" parceiro existe em todos os casos, independentemente do acervo de experiências anteriores.

Um relacionamento duradouro que teve início na adolescência tem a vantagem de amealhar uma quantidade maior de lembranças partilhadas, mas corre o risco de uma permanente cobrança mútua dos projetos da juventude, muitos dos quais podem parecer inviáveis aos olhos de um dos parceiros. O medo de que com a idade os interesses passem a ser diferentes do que eram na adolescência é legítimo, qualquer que seja a idade do vínculo. O processo de rever interesses e afinidades deveria ser contínuo para todos os casais, pois ninguém é igual a si mesmo ao longo do tempo.

Casais de adolescentes são, em geral, muito possessivos e ciumentos, o que também deixa os pais preocupados quanto ao futuro da relação. Mas nem sempre esse comportamento se mantém quando o casal amadurece (nem todos amadurecem, porém...). Com o aumento da segurança, o ciúme tende a diminuir. Um casal mais experiente aprende a avaliar a relação pelo que acontece entre os parceiros, sem alimentar fantasias com o que se passa fora do vínculo.

Todos os casais mantêm rituais que só têm sentido para eles. Muitos se mostram regredidos na relação amorosa (basta lembrar os apelidos que se dão, ou a mania de se tratar pela primeira sílaba do nome — Tê, ou Rô, ou Tô), talvez porque a sensação de dependência em relação ao outro remete à infância, ao vínculo criado com os pais.

A marca

Um casal que permanece com o primeiro amor, sem que os parceiros tenham vivido jamais uma ruptura verdadeira do vínculo amoroso, guarda uma marca perigosa: os parceiros nunca terão a certeza de que seriam capazes de sobreviver se aquele amor viesse a terminar. Quem viveu mais de uma relação amorosa intensa e verdadeira já sabe que sobrevive à ruptura e não se assusta tanto ante a ameaça de romper mais uma vez. Todos nós precisamos saber que o amor é vivo e pode morrer, mas que a morte de um amor não mata a chance de amar de novo.

Quando?

Os pais que fazem parte de uma geração que se considerava moderna e liberada ficam assustados diante do fato de seus filhos fazerem sexo mais cedo do que eles imaginavam (sem, no entanto, saber em que exata idade seria aceitável).

Embora não haja um padrão estabelecido para o "aceitável" (o que é aceitável para algumas famílias pode ser intolerável para outras), há um limite que deve ser respeitado. O universo da sexualidade é o universo da ética, pois é a área da relação com o outro. Só se deveria entrar nesse universo depois de estabelecido e internalizado um código de ética — o que não acontece antes da conquista do pensamento abstrato (falo sobre o assunto na p. 89). A questão não está na idade cronológica, mas na intenção com que são feitos esses contatos e a atitude dos envolvidos. Fatos assustadores podem acontecer quando jovens adentram esse universo usando o poder da internet, sem antes estabelecer um compromisso com a ética.

Drogas

Como foi seu primeiro contato com drogas? Você teve algum amigo que se envolveu seriamente com alguma droga na adolescência? Como ele está hoje?

Vale lembrar: a prevenção do uso de drogas deve ter o adolescente como foco, mas a dependência química é um problema do universo adulto, não do adolescente. Quando eu fazia palestras sobre drogas para adolescentes, fui muitas vezes questionada sobre o que fazer com o pai alcoólatra ou com a mãe que toma há anos remédios para emagrecer.

A complacência dos pais com relação a drogas lícitas, como o álcool e o cigarro, é irracional e incompreensível diante da quantidade de informações disponíveis sobre a facilidade com que essas substâncias geram dependência e sobre os males que provocam. Muitos adolescentes relatam que ao voltar da balada derramam alguma bebida alcoólica sobre a roupa para dissimular a origem dos olhos vermelhos e outros sinais de uso de maconha.

Por que alguns escapam?

A experiência com drogas não leva necessariamente à dependência. Dentre os muitos jovens que entram em contato com as drogas e chegam a experimentá-las, apenas a minoria se torna dependente.

É fácil imaginar o que faz com que os adolescentes sejam sensíveis ao apelo das drogas. Mais importante e produtivo é indagar o que faz alguns jovens escaparem dessa rota, quando tinham tudo para engatar nela — como aconteceu com seu melhor amigo, ou o vizinho, ou o colega, que tinham famílias parecidas, moravam no mesmo bairro e frequentavam a mesma escola que você. Por que alguns jovens habitantes da favela escapam da malandragem, do banditismo, da sedução dos traficantes, e outros não? Por que alguns adolescentes de famílias ricas, com pais liberais e facilidade para obter tudo o que querem, escapam do tédio, do cinismo, da armadilha do prazer rápido e contingente que as drogas oferecem? O que, afinal, mantém esses garotos comprometidos com a vida, apesar da escola, apesar da família, apesar da comunidade?

A genética pode ajudar. Afinal, o ambiente não atua no vazio, e alguns substratos de DNA respondem mais às solicitações do meio, enquanto outros respondem menos. Não falo de uma propensão a usar drogas provocada por um DNA defeituoso, mas de algumas reações bioquímicas que podem fazer a experiência ser gravada de um jeito ou de outro, num processo semelhante aos mecanismos imunológicos, que fazem algumas pessoas terem mais resistência a infecções. Trata-se de ter mais resistência ao apelo das drogas, não de imunidade. Ninguém está imune a esse risco, nem possui um salvo-conduto que lhe permita percorrer com segurança as estradas perigosas das drogas. Basta ser humano e caminhar entre os humanos para ser vulnerável a tudo o que é humano.

Certa dose de sorte também parece importante, no entanto nem a sorte nem a genética são suficientes para decidir a parada. O que é então?

Pense na sua experiência. Você provavelmente tem todas as características que poderiam tê-lo tornado dependente, ou mesmo usuário, de alguma droga. Você (como eu, o motorista de táxi, a moça que vende frutas na feira...) faz parte do time dos potenciais dependentes de drogas se já tentou fazer um regime e fracassou, por exemplo (tão difícil resistir a mais um docinho, afinal um só, que diferença faz?). Ou daquele esquadrão que pensou mil vezes em demitir-se de um trabalho sem perspectiva nem satisfação, mas continuou anos a fio no mesmo lugar, porque não tinha surgido nada melhor e, "quando eu realmente quiser, dou um basta!". Ou então ficou preso por tempo demais numa relação amorosa que todos viam que já estava esgotada.

Mas muitos de nós escapamos dessas armadilhas, apesar de possuir todas as características que levam um jovem a sucumbir ao prazer imediato em vez de vencê-lo em nome de recompensas maiores, porém mais tardias. O que terá acontecido no seu enredo para que você não caísse nessa armadilha? Procure na sua história algumas pistas: talvez você estivesse envolvido com tantas paixões e interesses que não sobrava espaço para mais nada. Tanto faz se era o encantamento por uma pessoa ou o envolvimento com uma causa (política, social ou religiosa), que o deixava insensível a experiências menos significativas.

Há mais um mistério a analisar: por que algumas pessoas fazem do uso da droga o centro de sua vida e vivem em função de conseguir a substância a qualquer preço e usá-la a qualquer custo, enquanto outras, aparentemente do mesmo estrato, não perdem seu poder de escolha? Estou falando da questão da liberdade: esse é o núcleo central da polêmica sobre drogas. Se o uso de uma substância não tiver implicações mais amplas, que prejudiquem outras pessoas, usá-la ou não é uma questão de foro íntimo, não interessa a mais ninguém, a não ser ao sujeito e suas ramificações imediatas. Mas a preservação da liberdade é uma questão que nos atinge a todos.

Aí reside o foco primordial da discussão sobre o uso de drogas. A liberdade individual amplia-se com o aumento do autoconhecimento, com uma abertura maior do universo de opções e com uma noção clara do lugar que o indivíduo ocupa no mundo. A importância que a droga irá adquirir depende do lugar que ela terá na trajetória do sujeito. Alguém cuja vida é plena de interesses, com ligações afetivas sólidas e significativas, dificilmente será escravizado pela droga. Mas um jovem entediado, sem amigos nem interesses mais amplos, que não está ligado a nenhum grupo e não acalenta nenhum projeto importante, será presa fácil dessa armadilha.

Em geral, o que um jovem busca nesse tipo de experiência é uma afirmação de liberdade, um sentido de pertinência ao grupo e uma ampliação de seu campo de experiências. No entanto, o uso da maioria das drogas leva a uma dependência química que estreita o campo de consciência e esgarça o tecido social, pois o contato com os amigos perde importância e boa parte do tempo e da energia é gasta em conseguir e utilizar a droga. Tudo isso resulta numa negação da liberdade, pois um dependente é justamente aquele que não pode escolher entre usar ou não a droga.

O mundo é maior que o umbigo

Até aqui falamos dos eventuais riscos a que está sujeito quem faz uso de uma droga. Mas no caso das drogas ilícitas há ainda o custo social, que talvez seja mais importante que os danos pessoais. É fundamental chamar a atenção do jovem para o submundo violento e corrupto que vive da droga e é sustentado pelos usuários, quer eles percebam quer não. Entre as narinas de um usuário e a fileira de cocaína, entre os lábios do fumante e o cigarro de maconha, ocultam-se imagens que ninguém gostaria de enxergar, que todos sabem que são verdadeiras, mas que os jovens usuários de cocaína ou maconha fingem ignorar, ou tentam acreditar que não têm nada a ver com isso. Há tráfico de armas, cartéis e assassinatos, há campos de pouso clandestinos e florestas queimadas para construí-los. Há violência, destruição, miséria — males contra os quais lutamos, hasteamos bandeiras e fazemos passeatas. A compra de cada grama de cocaína, de cada peso de maconha, nutre essa rede de iniquidades.

Negar essa relação é mais do que hipocrisia, é cinismo. Se os adolescentes de toda uma geração assumirem uma postura cínica, será difícil construir um mundo melhor. Sem a participação ativa e crítica dos jovens, o mundo perde a chance de superar injustiças e equilibrar desigualdades. Se a adolescência é a fase privilegiada para desenvolver noções de ética e mobilizar a sensibilidade diante de injustiças, cabe aos pais e educadores mostrar quanto o consumo de drogas tem a ver com esse quadro.

O que não funciona

Raramente, no entanto, os adultos responsáveis pelos jovens escolhem esse caminho para conversar sobre os males provocados pelas drogas. A maioria das conversas peca pelo uso de uma linguagem inadequada ou pela escolha de tópicos que não atingem o adolescente.

Seguem exemplos de algumas falácias comuns:

1. Confusão entre o discurso da autoridade e o discurso do poder — em vez de citar fatos e experiências, a conversa descamba para ameaças e proibições, do tipo "Se eu te pegar mais uma vez..."; ou "De agora em diante a senhora está proibida de...".

2. A soberania da moral — a conversa ou o curso sobre drogas transforma-se num discurso religioso ou num monólogo sobre o pecado e a punição divina.

3. A soberania do Direito — conversar sobre drogas confunde-se com uma aula sobre parágrafos do Código Penal.

4. A soberania da Ciência — a conversa sobre droga vira um curso de química avançada.

Essas abordagens são ineficientes principalmente porque deixam de fora a dimensão emocional, talvez a vertente mais sensível ao jovem. Não se pode ignorar o prazer intenso e imediato que a droga oferece. Para se contrapor a essa poderosa sedução, não basta oferecer informações objetivas: é preciso tocar as cordas mais sensíveis do adolescente, indicar caminhos alternativos para dar vazão à inquietação do adolescente e mostrar a violência e as injustiças que são cometidas para que aquela droga chegue às mãos do usuário, isto é: ele próprio. Episódios amplamente divulgados sobre a ocupação de favelas cariocas pelas Unidades de Polícia Pacificadora, as UPPS, em novembro de 2010, deixaram claro quanto aquelas comunidades estavam nas mãos dos traficantes de drogas. Alguém precisa convencer nossos jovens que os traficantes estão, por sua vez, nas mãos dos usuários.

Preguiça, maconha ou depressão?

Uma postura relaxada, sonolência em excesso, isolamento da família e de antigos amigos são atitudes que podem ter origem em qualquer uma dessas causas. A diferença entre elas é sutil: a depressão se caracteriza por uma total ausência de vontade, enquanto a preguiça ainda é uma vontade mas justamente de não fazer nada. E o uso da maconha pode levar a ambas as atitudes.

A principal diferença está no tipo de vida que o adolescente tem. Se, além de largado, o jovem não tem amigos nem interesses e começa a ficar relaxado com os cuidados corporais e de higiene, convém conversar com o orientador da escola ou um professor de confiança, para ter mais dados antes de tocar o alarme. Se o jovem estiver à beira de um processo depressivo, dificilmente vai recorrer aos pais — em geral, o primeiro a ser consultado é o melhor amigo. Os pais não estão proibidos de conversar com esse amigo, mas não como investigadores à cata de provas do crime. Eventualmente, um psicólogo pode ser consultado para pesquisar uma possível depressão, e até um médico pode ser solicitado, para receitar um medicamento, se necessário.

São demais os perigos...

De qualquer maneira, a leitura de sinais nunca é o melhor caminho para proteger um jovem dos inúmeros riscos que a vida oferece. Uma geração está razoavelmente preparada para encarar os perigos da própria adolescência, mas a infinita criatividade da vida — e dos jovens — inventa novas e inesperadas armadilhas, muitas das quais nem passam pela imaginação dos pais e contra as quais suas armas antigas têm pouco ou nenhum poder. A forma possível de proteção é a preservação de um vínculo de intimidade e confiança, que, se não chega a abolir os riscos, ao menos permite que os pais estejam próximos o bastante para atuar antes que o problema se transforme em tragédia.

Alguns conselhos...

Qualquer que seja o assunto em debate, a relação entre pais e filhos deve se basear em lealdade e confiança mútuas. Essa condição, porém, tem de ser conquistada ainda na infância, para que, na adolescência, quando surgem os problemas mais difíceis, a relação já esteja consolidada sobre esses alicerces. Só assim será possível ter conversas verdadeiras para passar noções que norteiem uma sexualidade responsável e previnam a dependência de drogas.

No entanto, por mais aberta e confiante que tenha sido a relação com os pais durante a infância, ao chegar à adolescência há uma retração natural do jovem, em busca dos próprios valores (ainda que isso signifique, muitas vezes, reafirmar os valores dos pais...). Esse afastamento é, mais do que saudável, fundamental para o processo de desenvolvimento da personalidade. Muitos pais, porém, não toleram essa mudança nos moldes do relacionamento, temendo que signifique uma ruptura definitiva do vínculo. Na verdade, trata-se de mais um dos muitos cortes do mágico cordão umbilical, que tantas vezes se rompe para refazer-se em bases mais adequadas a cada fase do desenvolvimento dos filhos.

Quando entra em cena a possibilidade de o jovem envolver-se com drogas, a insegurança dos pais atinge níveis que alguns consideram intoleráveis, e eles passam a se comportar como se estivessem revogadas todas as disposições anteriores de lealdade e confiança. Alguns assumem declaradamente a postura de cães farejadores, procurando em gavetas e mochilas os indícios que não querem encontrar. Mas muitos dos comportamentos considerados indicadores de envolvimento com drogas podem ter causas diferentes. Uma adolescente antes equilibrada e alegre que passa a comer demais ou de menos, a ter crises de choro a portas fechadas e a não querer conversa com ninguém da casa pode estar envolvida com drogas. Mas também pode estar vivendo sua primeira desilusão amorosa, sem querer partilhar com a família seu sentimento de rejeição.

Uma queda acentuada do rendimento escolar, a perda de interesse em atividades que o jovem cultivava (música, academia, esportes) são atitudes que merecem uma atenção especial, independentemente da origem. Se o desinteresse pelos estudos vier acompanhado pelo afastamento dos colegas e pelo abandono de atividades antes prazerosas, o jovem pode estar iniciando um processo depressivo que tem de ser levado a sério pelos pais, inclusive porque nessas condições ele se torna presa mais fácil da sedução das drogas.

... e uns poucos "nãos"

Não transforme em adolescente-problema um adolescente que tem um problema.

Não o trate como criminoso, cortando o contato com os amigos e proibindo-o de sair de casa.

Não o humilhe diante dos amigos e colegas, abordando-o em público.

Não faça da conversa uma acareação policial.

Não parta (nunca!) para a agressão física.

Escola e prevenção

A tarefa de ajudar o jovem a resistir ao apelo das drogas exige uma parceria verdadeira, aberta e franca entre escola e família — embora infelizmente essa relação costume ser calcada na hipocrisia. Os pais fazem o máximo para esconder da escola seu temor de que o filho esteja enfrentando um problema com drogas, pois sabem que, ao abrir o jogo e pedir ajuda, a escola provavelmente expulsará o garoto. A escola por sua vez expulsa um aluno sob essa suspeita porque sabe que os outros pais não tolerariam que a escola permitisse a convivência de um "aluno viciado" com seus anjinhos (o problema sempre está nos filhos *dos outros*).

Assim, antes do despreparo técnico-pedagógico--geracional, há uma questão ética com a qual a escola mal lida e a família lida mal. A hipocrisia baseia-se na nefasta teoria da maçã podre, segundo a qual uma fruta bichada contamina todas as demais do mesmo cesto — e, portanto, deve ser jogada fora. Uma excelente conduta para quitandeiros, mas péssima para educadores. Nossos jovens não são frutas podres, nenhum deles está "bichado". E não há lugar melhor para cuidar de um jovem em risco do que a escola.

Quando a escola expulsa um aluno porque foi pego usando uma droga, não está dando aos outros um exemplo do que acontece com quem desobedece ao regulamento. Está mostrando o que acontece *com quem é pego na transgressão*. "Bobeou, dançou!" é a lição que os outros alunos aprendem. Faria melhor a escola se considerasse aquele aluno como indicador de um problema presente na escola, e que não se esgota com a sua expulsão.

Para lidar com a questão, a escola deveria manter, junto com os pais e a comunidade, um trabalho contínuo de ampliação do campo de interesse dos alunos, possibilitando sua participação em projetos sociais e abrindo canais que ofereçam vazão à rebeldia e à inquietação de sua jovem clientela. A prática de esportes (principalmente coletivos) pode ser um bom aliado, mas a atividade física se torna inimiga quando a competição passa a ser o único valor da prática, e o jovem entra num regime de malhação e passa a usar drogas para superar os limites do próprio corpo, incorrendo no desrespeito total a si mesmo.

O que há de novo

O que você acha mais difícil de lidar com os jovens de hoje? Qual era a maior dificuldade de seus pais ao lidar com você?

A adolescência é um conceito recente, que data de poucas gerações. Até o final do século XIX não se demarcava uma etapa de desenvolvimento entre a infância e a idade adulta. A própria infância não era vista como uma condição que requeria cuidados especiais antes do século XVI. Os quadros de Brueghel retratam essa realidade: neles se observam feiras e festas populares nas quais homens e mulheres embriagados aparecem em cenas eróticas, ao lado de crianças vestidas com indumentárias idênticas às dos adultos. A ideia de que a inocência das crianças deveria ser preservada não fazia parte das preocupações da época: crianças eram simplesmente adultos em miniatura. Os adultos não eram detentores de informações a que as crianças não tinham acesso. Como a transmissão se fazia apenas oralmente, bastava a criança dominar a linguagem verbal para igualar-se aos adultos.

Com a invenção da máquina impressora, os livros saíram dos mosteiros e a capacidade de ler passou a ser valorizada como caminho de acesso à reserva de conhecimentos da cultura de então. Criou-se uma separação entre os que tinham capacidade de ler e os que precisavam adquirir essa habilidade. No final do século XIX essa diferenciação atingiu o apogeu, quando surgiram livros específicos para crianças e sobre elas, criaram-se modelos infantis de roupas e sapatos, delimitando-se um universo de comunicação entre os adultos (leitores) do qual as crianças (que não sabiam ler) estavam excluídas.

Mais recentemente, a televisão provocou uma nova reviravolta, pois, ao contrário do que acontece com jornais e revistas, não é preciso nenhuma habilidade especial para entendê-la. As informações são transmitidas por meio da fala e de imagens, cuja compreensão está à altura de todas as faixas etárias. O que se passa na telinha atinge adultos e crianças indiscriminadamente, sem segregação de público. O resultado foi uma diluição da barreira entre as faixas etárias — e as crianças passaram a usar a linguagem dos adultos e a exibir comportamentos até então estranhos ao universo infantil.

Houve também a contrapartida: como a programação é feita para ser absorvida por todos, a linguagem usada pela televisão é, e deve ser, simples. Com isso, não só as crianças estão ficando menos infantis, como os adultos estão se infantilizando.

Erotização da infância: riscos e consequências

Os comerciais mostram crianças em atitudes que insinuam flertes ou em posturas de namoro declarado. Os ídolos infantis têm imagens francamente sensuais. Meninas querem festejar seu décimo aniversário com as amigas num spa, onde todas fazem tratamentos de beleza, maquiagem e penteados sofisticados, numa programação antes reservada ao ritual do "dia da noiva". (Já me aconteceu de tomar uma menina de 8 anos por uma mulher adulta com deficiência de crescimento...) Mas a entrada precoce no universo adulto não se faz sem consequências. O preço da perda de um período de desenvolvimento protegido logo se fará sentir.

A dinâmica de erotização da infância é parte de um processo mais amplo de transbordamento da adolescência que, de um lado, comprime a infância para limites cada vez mais precoces, enquanto na outra extremidade empurra para cada vez mais tarde a entrada no universo adulto. Assim, a adolescência (que, lembre-se, só passou a existir a partir de meados do século XIX e, além disso, quase até o final do século XX estava confinada à estreita faixa entre os 14 e os

17 anos) ocupa hoje um intervalo largo e indefinido entre os 10 e os 40 anos.

A questão não está apenas na duração da adolescência. Há uma mudança também na maneira como se encara esse período. A adolescência deixou de ser uma fase de desenvolvimento para se transformar numa ideologia, numa maneira de estar e se posicionar no mundo. Roupas, linguagem e costumes dos jovens passaram a servir de modelo tanto para crianças como para adultos. Foi até definida uma nova etapa, a dos "pré-púberes", que começa em algum ponto entre os 5 e os 10 anos...

Adultos de todas as idades também se espelham nos modelos adolescentes. Estamos diante de um fenômeno novo: o mito de que é desejável — e possível — viver uma eterna juventude. A cada semana os meios de comunicação e os comerciais anunciam novas maneiras de garantir uma pele sem rugas, um corpo sem estrias, um fôlego de atleta. Cremes milagrosos, exercícios milenares e bisturis ambiciosos estão unidos na batalha para evitar ou, na pior das hipóteses, escamotear as marcas do tempo. Da mesma maneira como no século XIX os valores e costumes da burguesia, antes restritos a uma classe social, passaram a servir de padrão para toda a sociedade, hoje nosso modelo é uma faixa etária. Todos querem ser adolescentes.

O preço a pagar

Muitas vezes as próprias mães estimulam a vaidade das filhas ainda meninas, incentivando-as a usar maquiagem, a participar de concursos de modelo, a acompanhar as tendências da moda. Não percebem que se trata de um cardápio pesado demais. Brincar é importante não só como forma de ensaiar papéis do futuro, mas também como exercício da fantasia e forma de contato e comunicação entre crianças da mesma idade. Quando se renuncia a essas atividades, perde-se uma parte importante do arsenal necessário para formar adultos saudáveis.

Os rituais perdidos

O transbordamento da adolescência provoca a uniformidade nas roupas e no comportamento das diferentes faixas etárias. Tanto as crianças como os octogenários vestem-se com calças jeans, camiseta e tênis. Todos devem praticar esportes, comer alimentos sem gordura trans, assistir às mesmas novelas, partilhar dos mesmos ídolos. Não há mais etapas claras a vencer ao longo do caminho para o universo adulto. Desfez-se a separação entre o curso primário e o ginásio (ensino fundamental e médio hoje), não há baile de formatura para festejar solenemente (com direito a valsa de formatura) a conquista de um diploma. Nenhum menino espera pelas calças compridas, que marcavam ritualisticamente a despedida da infância. Não há um primeiro sapato de salto a declarar publicamente que a menina agora é uma mocinha. Um único e perverso ritual ainda sobrevive como vestígio desses marcos, felizmente em vias de desaparecimento (ou, ao menos, de transformação): o trote, cerimônia de iniciação do calouro em sua entrada na faculdade, resquício e simulacro dos ritos de passagem das sociedades primitivas.

Inteiramente despido da dimensão simbólica que impregna as cerimônias primitivas, o trote já perdeu seu significado original e transformou-se numa demonstração de crueldade e soberba de consequências às vezes fatais. Algumas universidades, assustadas com a dimensão que essas "brincadeiras" assumem, chegaram a proibir a prática, mas poucas conseguiram controlar o que se passa dentro de seus campos. Ano após ano, o noticiário nos coloca diante de cenas de humilhação e opressão, com requintes de crueldade emprestados das mais abjetas torturas, incompatíveis com o projeto de inclusão de calouros no grupo de universitários.

Os pais comandam. Os filhos agradecem

Qual era a regra mais difícil de aceitar quando você era adolescente? O que acontecia quando você a desobedecia? Isso acontecia com frequência?

O poder que emana dos pais não se baseia na força, mas no saber e na experiência. Sem essa autoridade os filhos ficariam à mercê de seus impulsos, o que os deixaria inseguros e angustiados. Assim, os pais não podem abrir mão de exercer sua autoridade para definir limites claros e coerentes — sob o risco de seus filhos não terem elementos para desenvolver sua independência. Os limites, impostos pela realidade e traduzidos pelos pais, inserem a criança no universo social. Mas o exercício da autoridade implica a responsabilidade de fazer o filho entender o que se espera dele, de forma a capacitá-lo a generalizar a norma para novas situações. Faz parte do dever dos pais explicitar com clareza o que esperam dos filhos e ajudá-los a cumprir essas expectativas.

Ninguém gosta de ouvir um não. Ninguém gosta de dizer um não. Mas dizer "não" faz parte da responsabilidade dos pais, assim como faz parte do desenvolvimento da criança e do adolescente aprender a respeitar os limites e a defender seus pontos de vista por intermédio da argumentação, e não da birra. É preciso entender que, assim como a reprovação dos pais não representa perda de afeto, a revolta do filho não significa ruptura nem desamor — significa afirmação da diferença. Lidar com a revolta, em vez de temer essa reação, faz parte da tarefa dos pais; na mesma medida em que os filhos precisam aprender a tolerar as frustrações decorrentes dos limites que impostos pela realidade, dos quais os pais são depositários e tradutores — e não autores.

O ser humano tem contato com a frustração desde que sai do útero e o corte do cordão umbilical inaugura a experiência da falta. A partir daí, o bebê passa a viver o adiamento da satisfação de suas necessidades e aprende a tolerar frustração. O recurso de que o recém-nascido lança mão, diante das primeiras experiências de frustração, é a fantasia — prerrogativa e consolo dos humanos. Assim, ao sentir fome sem ter como saciá-la, fantasia a presença do seio materno. Mas, se de início esse seio alucinado aplaca a angústia do bebê, ele não atende a necessidade de alimento, e um recém-nascido morreria de fome se, satisfeito com seu delírio, não lançasse mão do outro recurso de que a natureza o dotou: o choro.

A educação começa no momento em que a mãe atribui significado ao choro do bebê. Por meio dessa troca de informações entre a criança e a mãe, o grito se transforma em comunicação, e as novas experiências emocionais da criança adquirem sentido. Traduzindo o choro como expressão de fome e atendendo ao apelo da criança, a mãe demonstra que a espera não significa abandono e que a frustração tem fim e, portanto, pode ser tolerada.

Por mais poderosos e indulgentes que sejam os pais, nenhuma criança tem todos os desejos atendidos, até porque o desejo é ilimitado. Assim, a criança se dá conta de que a frustração é inerente à vida e aprende a lidar com esse sentimento. Se os pais tentam satisfazer imediatamente todos os desejos dela, a criança entende que a frustração representa um desvio de rota decorrente da incompetência ou da intolerância dos pais, e tem mais dificuldade para lidar com as frustrações que a realidade impõe. Tornam-se crianças impacientes e birrentas e tendem a transformar-se em adolescentes ansiosos, que sofrem quando têm de suportar qualquer adiamento de sua satisfação.

Para que serve a autoridade?

Desde o momento em que se delimitam as primeiras fronteiras entre o desejo da criança e os critérios da realidade, os parâmetros que norteiam essa diferenciação devem ser explicitados e entendidos. De pouco servirá uma norma decretada sem uma fundamentação que os filhos possam acompanhar. Mesmo que os pais se façam obedecer, não estarão exercendo sua função educativa, que é a de levá-los a entender princípios e formar um código de referência, pelo qual pautar sua conduta. Não basta que a criança e o adolescente respeitem o não, eles precisam compreender o motivo da interdição, de modo a poder aplicá-la em situações semelhantes. Precisam compreender e aceitar esse código, pois dele depende sua inserção na comunidade humana, na qual, ao contrário do que se passa entre os animais, a lei não é a da coerção pela força. Para ser realmente educativa, a imposição de limites tem de passar por um processo de argumentação e até de confronto, em que pais e filhos exercitam suas respectivas capacidades de tolerância e de argumentação.

Existem situações que permitem exceções a normas estabelecidas. A hora de chegar em casa pode ser alterada em ocasiões especiais, como quando o adolescente tem uma festa especialmente importante, ainda que seja no meio da semana; ou quando um conjunto de rock internacional faz uma única apresentação na cidade. Essa flexibilidade dos pais demonstra que os desejos do jovem são levados em consideração e que suas preferências musicais são respeitadas, mesmo que os pais não concordem com elas.

Em alguns conflitos, se o filho tiver a oportunidade de expor seus argumentos em defesa da mudança de uma norma antiga, talvez consiga convencer os pais de que sua competência é maior do que os pais percebem — e a norma pode ser atualizada. Ou a mudança pode ocorrer nos pais, que talvez estejam menos intolerantes do que já foram. (Felizmente, os adultos também estão em mutação.)

A experiência de viver sob um regime despótico e arbitrário levou muitos pais e professores a abrir mão de seu dever de exercer a autoridade, por medo de serem confundidos com tiranos. Uma dinâmica semelhante leva alguns pais que se sentiram esmagados por uma educação desrespeitosa e sufocante a confundir autoridade com arbitrariedade. Para se diferenciar dos pais tiranos que tiveram, propõem-se a fazer com os filhos o oposto do que viveram, e renunciam a qualquer forma de autoridade.

Pontos no quesito popularidade

Além da intolerância à frustração dos filhos e o desejo de ser diferente dos próprios pais, a preocupação com a popularidade também colabora para a dificuldade dos pais em estabelecer e fazer respeitar limites. Os pais querem que os filhos os considerem camaradas, divertidos, legais. Mais: querem que os amigos dos filhos tenham uma boa impressão deles. Com medo de desmanchar essa imagem, às vezes ultrapassam seus próprios limites, tentando ser mais liberais do que suas vísceras toleram. Isto é: para serem vistos como modernos e compreensivos e não receberem a pecha de antiquados, tentam ser mais tolerantes do que são.

A preocupação com os rótulos não colabora para o relacionamento entre pais e filhos. Não se trata de escolher entre ser liberal ou repressivo. É preciso saber se situar com clareza entre essas duas balizas, a partir da competência do filho e dos valores e sentimentos dos pais — sem ultrapassar os próprios limites para se mostrar moderno, nem ser mais restritivo do que suas convicções permitem só para demonstrar poder.

O oposto de uma educação repressiva e intolerante não é uma educação permissiva, mas uma orientação segura e coerente, uma autoridade firme e confiável. Espremidos entre as várias teorias e palpites, os pais sentem-se inseguros e desorientados. Com medo de errar, muitos se tornam mais intolerantes do que gostariam, enquanto outros se tornam omissos. As duas posturas extremas deixam os filhos desprotegidos, à mercê dos próprios impulsos, sem condições de formar um código de conduta.

É impossível conquistar a liberdade sem conhecer os próprios limites para, a partir daí, aprender a superá-los. Educar com limites verdadeiros, claros e não arbitrários é também educar para o exercício pleno da liberdade.

Por que o grupo é importante?

Você lembra de ter sido forçado pelo grupo a se comportar de maneira contrária à sua vontade? Como se sentiu depois? Como se sente quanto a isso agora?

A adolescência é inaugurada com a descoberta do mundo interno, isto é, do sentimento de solidão. A criança não faz uma separação clara entre ela e o mundo (tanto que, para se esconder, fecha os olhos; acredita que, se não está vendo, também não é vista). Mas um dia a gente percebe que possui um mundo interno — povoado de emoções, lembranças e anseios — a que ninguém tem acesso. Descobrimos que nosso acervo é diferente do que habita o melhor amigo ou o irmão e que não é possível traduzi-lo em palavras. Percebemos então que existe uma barreira na comunicação entre nós e qualquer outro ser humano, por mais próximo e querido que seja. Essa descoberta é perturbadora, e daí em diante todos tentam escapar desse sentimento lançando mão de truques que variam em criatividade e eficiência, conforme o repertório de cada um.

O primeiro deles é criar grupos de pertinência. Por exemplo: “Sou da turma que usa o boné virado. Nós, os de boné virado, somos todos iguais — gostamos das mesmas músicas, usamos as mesmas roupas, falamos o mesmo idioma e acreditamos nas mesmas verdades. Isso tudo nos identifica e nos faz irmãos”. Mas fazer parte da turma obriga o jovem a estar sempre atento para não destoar dos outros e assim correr o risco de perder a força que emana da união com o grupo. Às vezes ele paga um preço muito alto para não discordar. O medo ou a vergonha de confrontar o grupo pode levá-lo a ultrapassar os próprios limites e antecipar experiências para as quais ainda não se sente pronto.

O comportamento, no entanto, não pode ser pautado pela reação que se imagina provocar. Ninguém tem o poder de prever a reação do outro, muito menos de controlar o pensamento do grupo. Vaidade, necessidade de afirmação, insegurança e timidez são atores que podem levar um jovem a viver experiências que preferiria adiar.

Tudo isso desaparece em pouco tempo, a menos que haja alimentos externos para nutrir esses grupos, dando-lhes uma falsa noção de que os membros dessa “seita” são não só iguais entre si e diferentes de todos os demais, mas *melhores* do que os membros das outras seitas. Daí para a crença de que eles são os únicos bons e que os outros não merecem viver faltam poucos passos.

Em nome da aprovação do grupo, alguns jovens chegam a se camuflar de irresponsáveis, por medo de serem considerados caretas pelos colegas ao apresentar uma imagem de bom aluno. Meninas ficam com garotos pelos quais não estão interessadas. Meninos sentem-se obrigados a fazer várias trocas de parceiras, quando talvez preferissem aprofundar o relacionamento com uma delas. E os que saem de uma balada sem ter ficado com ninguém se sentem inferiorizados e rejeitados.

Dificilmente o jovem partilha com os colegas os arrependimentos e angústias decorrem de tais situações, pois confessá-las a alguém do grupo pode ser interpretado como fraqueza — e as confidências poderão ser usadas como armas de agressão e chantagem, ou até justificativa para rejeição. Muitos jovens preferem calar-se a admitir que têm sentimentos diferentes daqueles que o grupo espera e que todos exibem, provavelmente com a mesma motivação e o mesmo fingimento.

Concessões ao grupo: e os pais?

Muitos pais se veem na mesma situação dos jovens diante do dilema de atender os próprios padrões ou ceder em nome da participação no grupo. Por mais que achem absurdo os jovens dormirem de madrugada e irem a festas que começam depois da meia-noite, os pais não se atrevem a simplesmente proibir, pois sabem que isso poderia deixar o jovem isolado. De fato, o problema não está tanto no horário, pois já se foi o tempo em que o perigo estava associado à escuridão da noite. O que importa é saber o que acontece nessas festas. Em vez de questionar o horário, o melhor é saber onde é a balada, quem vai estar presente, eventualmente conversar com os donos da casa (mesmo que o filho abomine essas precauções).

O nascimento da moral: um pouco de Piaget

O psicólogo Jean Piaget, estudioso do desenvolvimento humano, identificou fases no processo de amadurecimento mental. Suas pesquisas revelam que, até os 6 anos de idade, a criança ainda não discrimina o que se passa dentro do que ocorre fora dela, e confunde seus sentimentos com os das pessoas que lhe são próximas. Nessa fase, o comportamento moral se restringe à obediência aos adultos, e a base para a ética é o respeito à autoridade. A criança pode até brincar com amiguinhos, mas é mais provável que brinque ao lado de outra criança sem uma verdadeira interação. O pensamento está preso à lógica concreta: só vale o que os olhos veem.

Dos 6 aos 10 anos, a criança desenvolve a capacidade de entender regras e é capaz de observar alguma disciplina. Sua inteligência ainda é eminentemente prática, mas a compreensão já se dá por identificação. Ela é capaz de atuar em grupo e os jogos se fazem com regras contratadas entre os jogadores. A moral se apresenta sob a forma de atitudes de cooperação e de respeito entre simétricos — sementes de onde brotarão os sentimentos de lealdade e justiça.

Por volta dos doze anos, a criança elabora conceitos pela repetição da norma em diferentes situações e já se insinua uma organização autônoma de regras e valores, a partir da qual se estrutura a personalidade.

A capacidade de efetuar operações intelectuais abstratas desenvolve-se na adolescência, quando se dá a passagem da lógica concreta à lógica formal. O pensamento se liberta da experiência imediata, o que permite a construção de sistemas e teorias abstratas e garante alguma autonomia da consciência moral, derivada do respeito entre simétricos. A reflexão liberta-se da concretude e a capacidade de abstração, recém-adquirida, permite ao jovem pensar o mundo para além das fronteiras do universo conhecido. Nessa fase ele é fértil em elaborar teorias e sistemas para salvar o mundo, embora seu altruísmo esteja ainda mesclado a uma onipotência infantil.

A psicologia do desenvolvimento ensina que o melhor momento para estimular uma capacidade é a fase em que ela aparece ou tem hegemonia. É por esse motivo que a adolescência é a fase privilegiada para a instalação de um código de ética. Não há momento melhor para firmar compromisso com valores morais, como a tolerância pelo diferente, o amor à justiça, o sentimento de solidariedade e a compaixão.

A ética como parte do amor-próprio

Há um problema com relação à ética: nossa crença nos valores morais se dá no abstrato, em termos pomposos (acreditamos na dignidade, no respeito ao próximo, na integridade), mas esses valores devem ser traduzidos por atos e palavras, nas relações cotidianas. E aí, tudo muda. Aqueles que anunciam valorizar o respeito pelo semelhante são capazes de promover brincadeiras grosseiras e agressivas. Os mesmos que pregam a tolerância com as diferenças inventam para os colegas apelidos maldosos, que apontam justamente para características pessoais menos atraentes (Gordo, Fofa, Magrelo, Girafa, Tampinha, Dentinho). Quem fala de solidariedade e justiça une-se ao grupo para achincalhar quem é considerado mais fraco (ou menos popular). Os que cultuam a honestidade compram fitas e discos pirateados ou fazem ligações clandestinas de TV a cabo.

Assim, a alegação de que é impossível passar nossos valores aos adolescentes porque eles percebem que nossa sociedade não cultua esses mesmos valores é uma desculpa esfarrapada e mentirosa. Afinal, quem é a "nossa sociedade" senão o conjunto das famílias que a compõem? Se todas as famílias realmente praticarem os valores que apregoam e não comprarem fitas piratas, nem passarem pelo acostamento, nem fizerem gambiarras para receber canais a cabo sem pagar a taxa... Em suma, se todos os pais mostrarem bons exemplos a seus filhos, "nossa sociedade" passará a cultuar os mesmos valores que as famílias.

A obediência pautada no medo das autoridades, além de pouco eficiente (pois só funciona na presença do controlador), teve um papel nefasto na história antiga e recente da humanidade — grandes iniquidades foram cometidas em nome da obediência devida. Obedecer para não receber castigo não é uma boa matéria-prima para a elaboração de um código de ética. Não parar sobre a faixa de pedestres por medo de ser multado é diferente de respeitar a faixa por consideração ao próximo. Recolher latas e plásticos da orla do mar para colocá-los no lixo, sem se preocupar em receber prêmios nem elogios, é um comportamento ético. Mas não estacionar em local proibido por medo de ser guinchado é apenas obediência.

O metrô da cidade de São Paulo é uma prova de que é possível incentivar o comportamento adequado de toda uma comunidade sem ameaças nem castigos. Tanto os trens quanto as estações e plataformas têm um nível de higiene impecável, em flagrante contraste com as calçadas esburacadas e sujas das ruas que dão acesso às estações. Há uma fronteira nítida: a partir do primeiro degrau que leva às plataformas, entramos num novo ambiente. Os muitos recipientes para lixo colocados em lugares estratégicos colaboram para a manutenção da limpeza, e a presença de funcionários varrendo ostensivamente cada grão de poeira inibe o gesto de atirar objetos no chão. Há cartazes que chamam a atenção para a higiene do local e incentivam a população a colaborar. Mas nenhum deles fala de sanções ou multas para os desrespeitosos — isso, no caso, não se fez necessário.

Será realmente impossível conseguir o mesmo comportamento dos habitantes de uma casa? Ou dos alunos dentro da escola?

O mundo será um espaço mais agradável para viver quando a ética fizer parte do registro do amor-próprio, e não do medo da lei.

O homem é lobo do homem?

Os 33 mineiros que ficaram presos por mais de dois meses a quase 700 metros sob a terra, na mina San José, no norte do Chile, foram resgatados com vida na quarta-feira (13 de outubro), depois de 69 dias soterrados. Às 23h38, as TVs já transmitiam as primeiras imagens da chegada do médico socorrista Manuel

> Gonzáles até onde estavam os mineiros. Ele foi aplaudido pelas pessoas que estavam na superfície, as quais começaram a cantar o hino nacional chileno. Logo que iniciou a descida, a cápsula deu uma leve parada, mas seguiu seu curso. Na hora do embarque na cápsula, González ouviu uma mensagem de apoio pronunciada pessoalmente pelo presidente do Chile. "Todos os chilenos estão com você. Nos vemos aqui em cima", afirmou. Em seguida, a cápsula foi fechada e iniciou-se a descida. (Agência Estado, 13/10/2010)

A notícia foi transmitida pelos meios de comunicação do mundo inteiro, nos dias 12 e 13 de outubro de 2010. O processo de resgate dos 33 mineiros do Atacama emocionou internautas em todo o mundo. No Twitter, os tópicos "mineiros", "superfície" e "cápsula" ficaram entre os mais populares até mesmo no Irã, na Malásia e em países da África, de acordo com o site trendsmap.com. Segundo pesquisa Ibope, a cobertura da Globo News da retirada dos mineiros teve, naquele mês, o maior número de espectadores na TV por assinatura. Estima-se que no mundo inteiro 1 bilhão de pessoas tenha acompanhado a saga dos homens pela TV e pela internet.

A produção de conteúdo foi alimentada por 1,5 mil jornalistas que trabalhavam no acampamento Esperança, além dos que garantiam as operações nas redações e centros de transmissão. Nos Estados

Unidos, segundo o site Internet Movie Database mais de 7 milhões de telespectadores sintonizaram a rede Fox na noite de 13 de outubro, para assistir ao salvamento do último mineiro, Luis Urzúa. Foi a maior audiência da rede desde a eleição de Barack Obama, em 2008. De acordo com o *Real-time Web Monitor*, citado pela CNN, o tráfego de internet no dia 12 de outubro, às vésperas do resgate, já era de mais de 4 milhões de usuários por minuto, atrás apenas de certos jogos da Copa do Mundo. O programa matutino da BBC, *Breakfast*, registrou no dia 14 um pico de audiência de 2,5 milhões de telespectadores, impulsionado pela curiosidade do público que queria notícias do resgate, e só foi concluído no meio da madrugada britânica.

O que você acha que movia essas pessoas? Qual era o sentimento predominante nos espectadores? O que fez o médico Manuel Gonzáles se oferecer como voluntário para testar a cápsula recém-construída e descer a 700 metros de profundidade para ajudar no resgate de 33 desconhecidos?

Provavelmente o mesmo sentimento que, em janeiro de 2011, mobilizou o brasileiro Pedro, um pedreiro que perdeu toda a família na avalanche que soterrou as cidades serranas do Rio de Janeiro, a transformar sua dor em energia para auxiliar na busca de sobreviventes. Como ele, tantos outros engoliram as lágrimas e buscaram forças para participar da corrente de solidariedade que se formou e se forma prontamente toda vez que uma catástrofe atinge alguns de nós. Porque é assim que somos, nós, os humanos. É desta matéria que somos feitos: somos sensíveis, solidários e disponíveis para além dos próprios limites.

O homem é lobo do homem? Não acredite nisso, não espalhe essa calúnia. O homem é irmão do homem. Transmita essa verdade a seus filhos. Ensine essa verdade a seus alunos.

Intolerância

Quem era o ET *da sua turma, quando você cursava o ensino médio? Como você se relacionava com ele? Em que sentido você também poderia ser considerado um* ET*?*

— Os responsáveis pela Segunda Guerra Mundial foram os ciclistas e os judeus.

— Por que os ciclistas?

— Por que os judeus?

Ou:

No Brasil não existe preconceito de cor, porque aqui, graças a Deus, o preto conhece o seu lugar.

O preconceito — essa chaga que corrói o tecido social e alimenta a marginalidade e a injustiça — assume disfarces sutis e, justamente por isso, altamente venenosos. Observe:

1. Numa agência bancária, para que tipo de pessoa o segurança aciona a trava da porta giratória?

2. Na sala de aula, quais são os alunos relegados às últimas carteiras, que recebem menos atenção do professor?

3. No recreio da escola, como são as crianças que ficam isoladas, preteridas nas escolhas para brincadeiras coletivas?

4. Numa loja, quando há vários fregueses à espera de atendimento, a que tipo de pessoa as vendedoras se dirigem em primeiro lugar?

5. Nos classificados de empregos dos jornais, o que significa a expressão "boa aparência"?

6. Que tipo de moradores é mencionado pelo corretor de imóveis preocupado em garantir a um possível comprador a "boa vizinhança" do condomínio?

7. "Vocês estão sozinhas?", pergunta o garçom solícito às três mulheres sentadas à mesa do restaurante. O que falta para que ele reconheça que as moças estão acompanhadas?

Se você não pertence a nenhum dos grupos visados por essas situações (isto é, se você não é negro, não tem dificuldade para se comunicar verbalmente, anda sempre bem vestido, não é judeu, nem pobre, nem mulher) talvez não perceba quanta crueldade e humilhação pode haver no cotidiano de quem enfrenta o preconceito. E se você não foi capaz de perceber a intolerância e a injustiça que essas situações denunciam provavelmente está sendo cúmplice (ainda que involuntário) do insidioso processo de marginalização.

Um dos filmes mais preciosos contra o preconceito é *E.T.*, de Steven Spielberg. Uma criatura asquerosa, com pele de réptil e olhos remelentos vai ganhando nossa simpatia até que, como num passe de mágica, a plateia inteira apaixona-se por aquele ser estranho — que já não é estranho, pois se transformou num filhote quase humano, indefeso e terno. Essa ternura não está na figura do E.T., está nos olhos do espectador, que empresta seu sentimento ao personagem ao ter a própria ternura mobilizada por ele.

Spielberg não se refere realmente a um ser de outro planeta. Usando a metáfora do extraterrestre, ele fala do vizinho que é judeu, do garoto da feira que é negro, de todos os sujos e maltrapilhos e deficientes que muitos não são capazes de amar. Uma obra de arte é capaz de nos fazer sentir o quanto esses personagens nos são próximos, quanto eles estão dentro de nós.

Ter pouco contato com pessoas diferentes leva ao estranhamento, a não reconhecê-las como semelhantes — o que torna difícil desenvolver sentimentos de identificação pelo outro e, portanto, de solidariedade. E sem esses sentimentos é impossível construir a cidadania.

Os nossos e os outros

Claudia Aratangy

Domingo meus garotos tinham um torneio de futsal no Ilha do Sul, um dos mais antigos condomínios construídos em São Paulo, onde mora uma das avós. O conjunto tem piscinas, quadras cobertas e descobertas, restaurante, academia, cabeleireiro, biblioteca. As quatro equipes da casa deveriam enfrentar, em quatro jogos — desde sub-9 até sub-16 —, os meninos do Educandário Dom Duarte, uma instituição de assistência social.

Assim, tínhamos de um lado os nossos meninos, com chuteiras Nike, bem alimentados e branquinhos; do outro, os visitantes com tênis gastos, magros e mulatos.

O primeiro jogo foi dos menores e logo percebi que estava dividida. Era o time dos meus dois caçulas — mas como seria possível torcer contra aqueles outros pequenos? A diferença de atitude era nítida: os "nossos" eram os donos da casa, da bola, do mundo, pisavam leve, mas com firmeza; os "outros" cavavam espaço, pisavam com receio, mas com sofreguidão. Lutavam. Logo um dos nossos (nossos???) faz um gol. Prendo a respiração, não consigo comemorar. Em seguida, os outros (outros???) empatam. Solto a respiração. E eles fazem mais um gol, e não consigo evitar um sorriso. Esse tempo termina empatado.

O placar é zerado e começa um novo jogo. Meus caçulas estão em campo. Ian, no gol. Balanço. Os visitantes perderam o receio. Vão com tudo para cima dos donos da casa, da bola, do mundo. E fazem 5 a 0. Ian fez boas defesas, Felix também não jogou mal, os dois estão chateados. A derrota deles não me entristece. Sobreviverão a ela. Aos 8 anos de idade, já intuem que são vencedores, estão no time que é dono da casa, da bola, do mundo. E os meninos do Educandário? Aos 8 anos, eles já sabem. E, naquele jogo, estavam brigando pela bola, pela casa, pelo mundo. Aos 8 anos, eles ainda acreditam.

Senti meu peito apertado pelos nossos meninos, todos eles, os brancos, negros, mulatos. Queria que meus filhos entendessem. Não. Queria que eles sentissem. Que se vissem na pele daqueles meninos, com seus sonhos, seus cotidianos, seus medos. Queria que fossem atingidos por um raio de lucidez — impactante, assustador, instantâneo.

Depois veio o jogo do sub-11. De novo, um filho no gol. De novo, o time do Ilha mais forte e mais seguro. O Dom Duarte sôfrego, mas de cabeça baixa. Eles sabem. E, aos onze, já deixaram de acreditar. Todos, menos ela.

Ela. No meio do time, magrelinha, cabelos soltos e encaracolados, lá estava Ingrid. Ficava na defesa como um xerife, dando ordens, brigando por todas as bolas, fazendo os melhores lançamentos para a área. O time da casa ganhou por 8 a 2. Ingrid, contudo, não perdeu a altivez. Ao final, fui cumprimentá-la e pedi pra tirar uma foto.

É por mero acaso que meus filhos são do Ilha do Sul e Ingrid não. Eles não são melhores do que ela, eu não sou melhor que a mãe dela. Viver naquele condomínio não é um direito, é um privilégio. Será que nós, os "ilhéus", somos capazes de educar nossos filhos para que eles usem as oportunidades não em proveito próprio, mas pelo bem comum? Para que não se achem os donos do mundo, mas sim responsáveis por ele?

Extraído do blog
http://ironmanumainsanidade.blogspot.com

Bullying

> *Você lembra de ter presenciado algum episódio de* bullying *quando adolescente? Lembra de ter participado de algum? Em que posição?*

Todos os espaços que frequentamos ensinam, explícita ou implicitamente, com intencionalidade ou não. Os shoppings centers são planejados, construídos, decorados e ocupados para o consumo. Mesmo quando entramos em um shopping com a única intenção de ir a um cinema ou restaurante, os caminhos, sempre tortuosos, entre um andar e outro nos obrigam a olhar para todas as vitrines, na esperança de que nos desviemos de nossa rota e acabemos cedendo a alguma tentação. A que cidadão esse espaço se destina? O que esse espaço ensina?

As ruas sujas e malcuidadas de uma cidade, sobretudo as da periferia, ensinam que o espaço público é um lixo, é terra de ninguém — "ninguém" é o nome de seus habitantes. Quem é o cidadão desse espaço?

Pensemos agora no âmbito familiar. As casas (barracos ou mansões) ostentam no centro da sala —

espaço de convívio por excelência — um aparelho de televisão, colocado como uma santa no altar, uma situação que induz à contemplação, ao silêncio e à passividade. Não convida ao diálogo, à troca, à ação. O que essa família ensina?

E a escola? Diferente dos outros espaços por onde a criança circula, a escola é um local intencionalmente organizado para educar — e educar para o convívio. Queremos que os alunos vivam uma experiência escolar que os faça sentir-se como cidadãos (em toda a sua complexidade e dificuldade, responsabilizando-se por suas escolhas e arcando com as consequências) e entendam que ninguém pode ser cidadão de fato se a cidadania não for compartilhada por todos. Se o espaço público é a terra de ninguém, e o dinheiro público não tem dono que zele por seu uso, a quem pertence a escola pública? Se as paredes que adormecem rabiscadas acordam rabiscadas, o que está sendo sinalizado? Se lâmpadas queimadas não são trocadas, a sujeira no pátio e nos corredores só acumula, o que isso ensina?

Será que essas observações têm a ver com esse fenômeno que, de uns tempos para cá, tem ocupado e preocupado os meios de comunicação, os pais e educadores? Teria o *bullying* alguma ligação com esses fatores?

Até pouco tempo, os episódios de *bullying* (manifestação extremada de preconceito e hostilidade, prática violenta na qual um aluno se torna alvo de chacotas e agressões de colegas) eram negligenciados, tanto pelas escolas como pelos meios de comunicação, que preferiam minimizar as ocorrências, tachando-as de "brincadeiras de criança" — negando assim os graves efeitos sobre todos os participantes. Alguns especialistas chegavam a afirmar categoricamente que a escola tinha pouco a fazer com relação a esse comportamento, embora o próprio Ministério da Educação tenha dado destaque à questão da convivência escolar, ao criar uma série de filmes chamada *Ética no convívio escolar*, parte de um projeto de formação de professores.

A tendência das publicações sobre o assunto e a preocupação de pais e educadores se centram, ainda hoje, nas vítimas das agressões, como se os excluídos dos grupos de pertinência fossem os únicos personagens da trama a precisar de tutela e orientação para mudar de atitude — quando em geral não há nada de errado com eles. As vítimas não necessitam mais de cuidados que os líderes e, na mesma medida os seus seguidores, que precisam aprender a pautar sua conduta por valores condizentes com o que a escola prega — e não a seguir cegamente lideranças baseadas na força e na aparência.

Já assistimos ao desdobramento dessa dinâmica em tragédias como a da escola americana Columbine, em 1999 (cujos vilões eram os rejeitados pelo grupo), e em episódios mais próximos de nós, como o que se deu na piscina do centro acadêmico de uma faculdade paulista, quando um grupo de "populares", com a conivência dos "normais", assistiu ao afogamento de um colega tímido e desajeitado para os esportes. Ou o do garoto de doze anos que se enforcou depois de registrar em seu diário na internet o intolerável martírio de se ver continuamente ridicularizado pelos colegas.

Os agressores se impõem pela violência e sua liderança sobre os colegas é garantida pelo medo. Se nada for feito para mudar a trajetória desses personagens, serão adultos impulsivos, de comportamento antissocial. Suas vítimas, que tendem a se tornar adultos deprimidos e com baixa autoestima, são geralmente alunos inseguros que têm vergonha de se queixar das ofensas, por medo de ser ridicularizados pelos adultos. Os espectadores, que muitas vezes até sentem simpatia pelas vítimas, também sofrem as consequências funestas da situação. Calam-se por medo de tornar-se o próximo alvo ou por não saber como agir, mas percebem que sua omissão acoberta as agressões e colabora para a falsa tranquilidade dos adultos. Arcam, assim, com o peso da culpa e da diminuição da autoestima. Afinal todos querem ser heróis e se ressentem diante da descoberta da própria covardia.

A escola não pode ser simplesmente espelho e guardiã dos valores de uma sociedade. Deve ser também o espaço de reflexão e crítica desses valores. Ao menos no lado de dentro de seus muros, todos têm o direito de ser tratados com respeito pelos colegas e pelos professores, qualquer que seja a qualidade de suas roupas ou sua capacidade de mimetizar estereótipos lamentáveis do universo adulto.

O que podemos fazer?

Para provocar uma mudança consistente no ciclo de episódios de violência, todos os personagens do enredo devem ser vistos com o mesmo cuidado. Não há vítimas, vilões e plateia. Quando essas ocorrências se dão entre jovens, todos são vítimas de uma trama nefasta, cujos responsáveis (comunidade, família e escola) desviam o olhar e lavam as mãos criminosamente. Não se trata de caçar culpados, mas de atribuir responsabilidades. A busca de culpados é uma atividade inútil, que só faz mobilizar defesas e estimular a paralisia. A pesquisa de responsabilidades, ao contrário, devolve poder às partes envolvidas e permite um plano de ação para promover mudanças. Soluções paliativas e piegas (do tipo "façam as pazes e se deem as mãos") não produzem nenhum efeito, a não ser o de estimular a hipocrisia. Só se consegue uma mudança verdadeira a partir da mobilização emocional dos envolvidos, estimulando a empatia e identificação com os ofendidos e humilhados. Filmes, peças de teatro e romances, se bem aproveitados, são excelentes coautores desse processo. No final deste capítulo, há sugestões de filmes que abordam o tema.

No jogo de empurra entre escola e família, todos perdem: os jovens, deixados à mercê da culpa e da humilhação; os pais, impotentes para resolver uma questão importante, que lhes diz respeito, mas que exige uma amplitude de poder que não possuem; e a escola, que abre mão de uma excelente oportunidade de exercer sua função de formadora de cidadãos éticos.

A parte da comunidade

Antigamente, as crianças de todos os estratos sociais brincavam na rua; hoje, a tendência de morar em condomínios fechados, que oferecem todas as facilidades dos clubes, restringem a vida a grupos homogêneos segregados, com raros contatos com pessoas diferentes. As escolas que os jovens frequentam também têm alunos do mesmo estrato socioeconômico, e assim não oferecem a possibilidade de convivência contínua com jovens de origens e culturas distintas. Esse convívio exclusivamente entre semelhantes faz crianças e jovens olharem com desconfiança qualquer um que lhes pareça diferente.

Além disso, vivemos numa sociedade que incentiva a violência e exibe uma tolerância desproporcional com a agressividade, confundindo virilidade com prepotência. O esporte mais popular no Brasil, o futebol, dá exemplos gritantes dessa confusão. O comportamento violento dos jogadores dentro do campo e das torcidas até fora dos limites dos estádios é ainda estimulado pela crônica esportiva, que usa uma linguagem bélica para narrar e comentar partidas. Os locutores e comentaristas referem-se ao adversário como "inimigo", falam do jogo como se fosse uma "batalha", tratam o goleador de "matador". E usam expressões como "revanche", "vingança" e outros termos marciais quando comentam partidas entre times rivais. A publicidade, quando usa imagens ligadas ao futebol, também nos brinda com incentivos diretos à violência, ao apresentar torcidas como se fossem hordas de guerreiros se preparando para uma batalha. Parece que se perdeu a dimensão simbólica das competições.

A parte da família

Muitas atitudes dos pais incentivam a agressividade dos filhos (sobretudo dos meninos). Elogiam (quase com uma ponta de inveja!) o garoto que "sabe o que quer", confundindo teimosia com capacidade de liderança. Estimulam o garoto a "não levar desaforo pra casa" ou interrompem uma briga entre irmãos praticamente do mesmo tamanho com uma palmada em cada um (ensinando, sem perceber, que só se pode bater em quem é menor...). Outros exemplos do incentivo, consciente ou não, da violência:

1. A rejeição ao projeto de lei que pretendia proibir os castigos físicos pelos pais é uma demonstração cabal de que a pedagogia do tapa ainda é amplamente utilizada. Independentemente da intenção ou intensidade do castigo físico, é inegável que, quando um adulto dá um tapa numa criança, está ensinando que a violência é uma forma legítima de resolver um problema.

2. Desde o nascimento até a adolescência, é escassa a presença dos homens no universo infantil. As crianças vivem cercadas por mulheres (mãe, avós, tias, vizinhas, madrinhas, professoras, diretoras, inspetoras, a moça da cantina, a tia da perua etc.). Com isso, os meninos têm poucos modelos masculinos que ensinem a controlar a agressividade.

3. Jogos solitários, no computador ou em videogames, não ensinam a respeitar o outro e favorecem a distorção do conceito de brincadeira, pois os personagens da telinha não reagem aos maus-tratos, nem levam o agressor a sentir culpa.

4. Os pais oferecem poucas opções para o jovem exercitar de maneira legítima o sentimento de pertinência, fundamental na adolescência. Não são incentivadas atividades coletivas, como a participação em equipes esportivas, grupos de teatro ou corais.

5. Os pais tendem a responder pelo critério da urgência, não da importância. Com isso, comportamentos inadequados recebem mais atenção do que os bons comportamentos. A criança aprende que, se quiser ser notada pelos pais, é melhor arrumar uma boa briga do que tomar banho ou fazer a lição de casa.

6. Nas famílias de classe média e alta, os pais não transmitem a noção de que os privilégios que cercam seus filhos não são um direito divino, mas fruto do trabalho ou da injustiça social. Assim, falham em fazê-los compreender o peso de responsabilidade implicado em ser privilegiado numa condição de desigualdade de oportunidades. Esses jovens precisariam saber que, se é injusto que alguns tenham poucas oportunidades enquanto para outros, privilegiados, a vida oferece inúmeras opções, é ainda mais injusto os privilegiados desperdiçarem as oportunidades a quem têm acesso, comportando-se como alunos relapsos de boas escolas ou usando mal o seu amplo tempo de lazer.

7. Pais que têm pouca intimidade para decifrar os sentimentos que os filhos expressam confundem sinais de sofrimento e de medo com preguiça, o que impede os filhos de relatar a violência de que são vítimas — e assim deixam os filhos expostos a mais experiências de agressão na escola.

A parte da escola

No início deste século XXI, deu-se numa escola de classe média alta de São Paulo um caso exemplar. Um aluno de 14 anos, do último ano do ensino fundamental, trouxe para a escola o revólver do pai — que foi quem ligou para a direção da escola assim que deu pela falta da arma (que estava sem munição). O menino foi, então, flagrado no pátio da escola exibindo o revólver para os colegas, que admiravam o objeto, entre surpresos e encantados. Note bem: ele exibia o revólver, não ameaçava ninguém com ele, nem parecia agressivo ou belicoso. A arma foi imediatamente devolvida ao legítimo dono (o pai acorrera à escola logo depois de telefonar) e a escola optou por punir o aluno, mas não expulsá-lo. Com isso, criou-se uma celeuma entre os outros pais, muitos deles exigindo a retirada imediata do "aluno agressivo e perigoso".

Você acha que esses pais estavam certos? O aluno seria mesmo violento, representava um perigo para seus colegas, que precisavam ser protegidos da agressividade dele?

É claro que essa situação desvela uma agressividade latente e expressa um grau de violência incompatível com o ambiente escolar. Mas será que essa agressividade está apenas no aluno que levou a arma? Afinal, ele não ameaçava ninguém, nem sequer brincava com o revólver — simplesmente ostentava o objeto como quem exibe um troféu, numa clara demonstração de que a arma suscitava, mais do que medo, admiração e inveja de seus pares. E era essa, evidentemente, a intenção do aluno transgressor: ele sabia que o revólver lhe traria prestígio junto ao grupo.

Essa é a questão mais importante do episódio, do ponto de vista pedagógico: por que, para ganhar status no grupo, o objeto escolhido era um símbolo de violência? Por que não uma camisa autografada pelo craque do seu time?

Nossos jovens passam grande parte do tempo sob a guarda da escola e é dentro de seus muros que se formam os grupos de pertinência. Essa condição oferece uma oportunidade que não pode ser desperdiçada. Os educadores deveriam estar atentos ao processo de formação das turmas e acompanhar os critérios pelos quais as lideranças são escolhidas e validadas. É perda de tempo discutir parcelas de responsabilidade, quando somos todos (e cada um de nós) inteiramente responsáveis pela formação de nossos jovens e, portanto, pelo futuro de nosso planeta.

Quando se trata de violência, é imprescindível uma parceria verdadeira entre escola e família. Infelizmente na maioria das escolas essa aliança é superficial, carregada de hipocrisia. Diante de uma crise importante, dificilmente os pais do aluno problemático e os gestores do colégio podem de fato dar-se as mãos em prol do jovem. A tendência da escola é expulsar o aluno, com a alegação (em geral verdadeira) de que os pais dos outros não tolerariam deixar seus filhos numa instituição que eles consideram conivente com o aluno faltoso.

Felizmente, a escola onde se deu o episódio da exibição da arma manteve sua posição de não transformar o protagonista em bode expiatório, reconhecendo que o aluno apenas expressava, de forma clara e exacerbada, uma característica presente em todo o grupo.

A coragem de ser diferente

Não é fácil enfrentar um grupo para defender um colega que é alvo de agressões e caçoadas. É preciso coragem para não se deixar levar apenas pelo desejo de ser aprovado pelo grupo, ou pelo medo de ser confundido com o membro mais frágil — quem não teme vir a ocupar, em algum momento, o lugar do humilhado? Mas também não é fácil enfrentar a própria consciência no meio da madrugada, quando cada um está sozinho diante do que fez de seu dia, e pensa no que deveria ter feito e não fez por covardia.

Violência em escolas particulares

Já foi o tempo em que apenas os cenários pobres de escolas públicas eram palco de cenas de violência — também assistimos a cenas lamentáveis de agressividade e desrespeito em escolas de classe média e alta, frequentadas por jovens de famílias econômica e culturalmente privilegiadas. Aí o problema pode ser até mais difícil, pois os professores dessas instituições têm a expectativa de que seus alunos tragam de casa uma educação adequada. Como nem sempre é o caso, sentem-se despreparados para lidar com alunos agressivos e sem limites. Mas não adianta lavar as mãos nem clamar aos céus com a alegação de que a escola não pode tomar para si a responsabilidade que a família não assume.

Não é válida a desculpa de que os alunos passam pouco tempo na escola, em comparação com o que passam com a família. O tempo não é pouco nem muito, é o tempo possível. Pensando bem, 25 horas por semana durante 10 anos somam 13 mil horas, o que não é pouco. Nenhuma agência de propaganda conta com tantas horas para apresentar o seu produto ao consumidor. Temos de aproveitar esse tempo para fazer o melhor — se não o fizermos, será uma preciosa oportunidade desperdiçada, tanto maior quanto mais horas os jovens estiverem conosco.

É importante notar que os jovens privilegiados correm alguns dos mesmos riscos que seus colegas economicamente menos favorecidos, mas em suas mãos a sociedade talvez corra riscos até maiores: estatisticamente, é dentre esses alunos que sairão os políticos e os empresários da próxima geração, é desse grupo que sairá a maior parte das autoridades e dos líderes que comandarão o país. Essa é a hora de encontrar canais adequados para o inconformismo e a rebeldia. Esse é o momento de apontar espaços de atuação através dos quais a contestação própria da adolescência contribua, de fato, para melhorar o mundo.

Não podemos deixar passivamente que os jovens acreditem que o mundo é feito de corrupção e violência e que nele só os valentões e os espertalhões levam vantagem. Para lutar contra a paralisia e o cinismo de que tantos nos queixamos, não há momento mais propício do que a adolescência; não há espaço mais adequado do que a escola.

É verdade que a escola não pode agir sozinha: é imprescindível a parceria com a família e com a comunidade onde está inserida. Os professores queixam-se de que os pais se eximem de sua responsabilidade, não assumem sua parte na transmissão de valores — os quais eles mesmos desrespeitam. Seria ótimo se tivéssemos uma escola para ensinar ética aos pais, outra para os políticos, uma para os empresários, outra para as autoridades religiosas. Infelizmente isso não é possível (e, se fosse, não sei se eles frequentariam as aulas). O que podemos fazer é educar os futuros pais, políticos, empresários e religiosos — que estão, hoje, em nossas salas de aula — para que seus filhos, os alunos da próxima geração, sejam melhores.

Para encerrar o capítulo, eis a pequena relação de filmes que tratam da violência na escola:

Entre os muros da escola (França, 2008)
Stella (França, 2008)
A onda (Alemanha, 2008)
Escritores da liberdade (Estados Unidos, 2007)
Sociedade dos poetas mortos (Estados Unidos, 2003)
Elefante (Estados Unidos, 2003)
Evil, raízes do mal (Suécia, 2003)
Adeus, meninos (França, 1987)
Kes (Inglaterra, 1969)

Relação entre escola e família

Você era um bom aluno quando adolescente? Seus pais participavam das reuniões da sua escola? Alguma vez eles foram chamados por um problema de indisciplina?

No dia 10 de abril, André foi portador do seguinte bilhete de sua professora para sua mãe:

> Prezada Ana Maria, André hoje se comportou mal, não fez a lição e atrapalhou o trabalho de grupo. Peço tomar providências. Assinado: Teca, professora do pré.

No dia 12 de abril, André entregou para sua professora o seguinte bilhete, mandado por sua mãe:

> Prezada Teca, hoje André se comportou mal, não quis escovar os dentes e brigou com a irmã menor. Peço tomar providências. Assinado: Ana Maria, mãe.

Afinal, quem deve educar o André? A mãe deve encapar os cadernos dele? Os pais devem controlar a lição de casa? A escola é responsável pelas condições de saúde dos alunos? A merenda escolar tornou a lancheira obsoleta?

É difícil traçar os limites entre o que cabe à escola e o que compete aos pais na formação dos jovens. Essa demarcação já foi simples: a escola devia instruir, aos pais cabia educar. Hoje os territórios se confundem: a criança aprende brincando e tem de brincar aprendendo, a gente mal consegue discriminar entre uma loja de brinquedos e uma sala de pré-escola, as professoras viraram tias e as pobres tias de verdade (as irmãs das mães e dos pais) não sabem o que fazer diante de seus sobrinhos, que esperam delas uma capacidade recreativa que elas não podem atender. Mas as fronteiras precisam ser reconhecidas e respeitadas, sob pena de colocar em risco a aliança entre pais e educadores.

Educação sexual é tarefa de quem? A escola deve falar sobre drogas ou isso é assunto da família? Educação religiosa na escola é uma necessidade ou um retrocesso? Quem vai alertar sobre o flagelo da aids?

Os pais gostariam que a escola atendesse a tudo isso e ainda tivesse competência pedagógica para garantir o ingresso do aluno numa boa faculdade. Mas a vida escolar não é uma continuação da vida em família, e a transmissão de informações deixou de ser a tarefa primordial da escola, uma vez que os meios de comunicação levam a informação até a criança com rapidez e eficiência.

Nem por isso a sala de aula e o professor tornaram-se dispensáveis. Para orientar-se em meio ao bombardeio de informações a que está exposta, é imprescindível que a criança desenvolva uma escuta crítica. Além disso, nada substitui a escola no processo de inserir a criança e o jovem no universo do coletivo, de fazer a mediação entre o aluno e o mundo, entre ele e sua história. Essa experiência — que exige o contato rotineiro com o diferente, numa relação simétrica — a família não pode oferecer.

O que os pais esperam da escola?

Muitos pais alimentam a fantasia de que, conseguida a vaga na escola ideal, está definitivamente resolvida sua participação na educação formal dos filhos. A distância e o tempo gasto no trajeto até a escola, os sacrifícios financeiros para integrar o carnê escolar no orçamento exíguo são reflexos dessa ilusão. Alguns pais têm expectativas idealizadas, que dificilmente a escola, por melhor que seja, pode atender. Não existe a escola perfeita, mas alguns aspectos devem ser observados para fazer uma escolha mais adequada e realista.

Não adianta a escola possuir os equipamentos mais avançados da tecnologia ou os brinquedos mais sofisticados se os alunos não tiverem acesso a essas instalações. Não basta ter informações sobre o conjunto de proibições e permissões que constituem o regulamento escolar. É mais importante conhecer os princípios que fundamentam essas normas — e saber se os professores conhecem o regulamento e sabem defendê-lo, pois isso dá uma medida da coerência entre teoria e prática na instituição. Convém visitar a escola funcionando. Além de conversar com os responsáveis diretos pela direção e orientação educacional, vale a pena entrar em contato com pais de alunos para saber como essas direções e orientações se traduzem na prática. Lição de casa, caderno de classe, comentários na volta da escola — é preciso estar atento a tudo isso.

Um ponto de partida seria formular com clareza o que os pais não admitem na escola ("Não quero uma escola que..."). Exemplos de critérios de exclusão seriam: posturas preconceituosas, elitismo, métodos pedagógicos rigidamente tradicionais ou demasiado experimentais. Em seguida, os pais podem examinar os quesitos positivos que consideram essenciais ("Faço questão de que a escola tenha..."), para depois complementar com os itens que serviriam como critério de desempate ("Gostaria que a escola tivesse..."), como o cardápio extracurricular (esportes, atividades culturais, grêmio, ensino de línguas, computação). O ambiente físico também deve ser levado em conta. Salas claras e espaçosas oferecem condições mais adequadas às tarefas escolares, assim como banheiros e corredores limpos refletem o cuidado dos responsáveis.

A escolha dos itens e o peso atribuído a cada um dependem de cada família. Uma escola espaçosa, que privilegie atividades físicas, pode ser importante para uma família que vive em apartamento pequeno, sem área de lazer; uma boa biblioteca e um grêmio que ofereça atividades culturais têm peso maior para crianças que moram em condomínios com amplos jardins e práticas desportivas comunitárias, mas com menos oportunidades de programas culturais.

Os critérios de escolha variam também com mudanças nas condições de vida da família e ao longo do processo de amadurecimento da criança. Os quesitos para a pré-escola são diferentes dos critérios que norteiam a escolha de uma escola de ensino médio. O adolescente deve ser ouvido e suas opiniões levadas em consideração, ainda que a última palavra seja dos pais.

Há escolas que se propõem basicamente a colocar os alunos na faculdade. Outras têm como principal objetivo dar aos alunos uma visão humanista, levando-os a participar do universo da cultura. Outras ainda preocupam-se mais com a convivência entre eles e valorizam atividades culturais e esportivas, não apenas por conta do desenvolvimento físico e intelectual dos alunos, mas privilegiando o exercício da ética no cotidiano das relações.

Assim, quando escolhem uma escola, os pais têm de saber o que de fato significa essa escolha, para que suas expectativas sejam coerentes com o projeto da escola que elegeram. Não basta se identificar com a "postura ideológica" da escola, pois essa expressão pode ter vários significados — não fica claro o que realmente os pais estão delegando à instituição, nem o que a escola espera que as crianças tragam de casa, como uma espécie de currículo oculto. Mas a aliança entre a escola e a família é fundamental para o sucesso de um projeto educacional. Os pais devem funcionar como uma ponte, e não um obstáculo, entre os filhos e a escola. E vice-versa.

O papel dos pais na vida escolar de seus filhos

Acompanhar a vida escolar do filho não se limita a tomar conhecimento das notas do boletim. Broncas e castigos não transformam notas baixas em altas — é importante verificar o que essas notas refletem, e não apenas reagir a elas. Uma conversa entre pais e professores pode orientá-los sobre a ajuda de que o aluno precisa, pois as más notas tanto podem ser o reflexo de problemas pelos quais a família está passando como o resultado de uma postura inadequada do aluno em sala de aula.

Para incentivar o jovem a estudar e mostrar o valor do aprendizado e do conhecimento não basta fazer discursos sobre o tema, por mais eloquentes que sejam. O caminho mais eficiente para demonstrar que os pais valorizam o estudo é dedicar parte do próprio tempo para acompanhar o trabalho que o jovem está desenvolvendo na escola.

Quando tanto a escola como a família valorizam apenas as notas, e não o processo de aprendizagem, ambas fracassam na tarefa de alimentar a curiosidade do estudante e de oferecer caminhos para satisfazê-la. Há todo um sistema que não favorece o processo de aprender. A pressão pelo vestibular, partilhada pelas escolas e pela família, deixa em segundo plano o próprio processo de aprendizagem. Os pais deveriam valorizar o momento em que o filho está estudando e não simplesmente o resultado de uma prova — que depende de vários outros fatores, além do empenho do aluno. Sentar com ele, interessar-se pelo conteúdo da disciplina, estudar junto com prazer, e não apenas como quem está cumprindo um papel, são atitudes que estimulam o processo mais do que o produto. É fundamental que o jovem perceba o prazer dos pais em desvendar o conhecimento em parceria com ele.

Não é verdade que os jovens não têm interesse em aprender e não valorizam a escola. A já citada pesquisa coordenada pelo professor Yves de La Taille mostra a importância que os jovens atribuem à escola. É nítido o interesse com que o jovem se debruça sobre a internet em busca de informações, e é admirável a eficiência com que ele desvenda esse mundo. Talvez a sala de aula tenha se tornado um ambiente desinteressante, ou talvez os pais não transmitam de maneira compreensível a mensagem de que o conhecimento torna a vida melhor.

Os jovens dariam mais valor à escola e aos estudos se percebessem a importância do saber no convívio cotidiano com pais e professores. Mas não é isso que eles veem. Não fica claro que o fato de ter estudado mais leva um adulto a ter um trabalho mais prazeroso — por que, por exemplo, ele daria importância ao estudo, se um professor que estudou tanto pode ser mal remunerado e ter uma vida tão difícil? Essas imagens negativas desmoralizam pais e professores como conselheiros e orientadores. Não comunicam que, para ter a possibilidade de escolher um trabalho mais criativo e gratificante, é preciso estar de posse de um repertório amplo, que vem do estudo e da experiência. Anos de estudo ampliam o leque de opções de vida, mas dificilmente a atitude de pais e professores colabora para a percepcão dessa verdade.

Para acompanhar a vida escolar

Aí vai uma sugestão de pontos a serem levados em conta para melhor acompanhar a experiência escolar dos filhos. Atenção: isso não deve ser usado como um roteiro de autoavaliação para mobilizar culpas! O campo já está minado demais por culpas — o que, inclusive, contribui para que seja pouco percorrido.

Seu filho gosta da escola? Como se chama a professora dele? E a diretora? Há algum professor na escola, ou a escola tem apenas professoras? De que área é esse professor?

Qual é a área de que seu filho mais gosta? E qual ele mais detesta? Quem é o melhor amigo de seu filho na classe dele? Você o conhece? E o maior inimigo? Você sabe por quê?

A professora corrige a lição de casa? Você concorda com as correções que ela faz? Quanto tempo seu filho gasta por dia com os deveres da escola? Que tipo de uso a escola faz da lição de casa? (Algumas escolas utilizam a lição de casa como parte do projeto pedagógico, outras não. Para desenvolver o senso de responsabilidade, é preciso que o jovem perceba a relação entre seu comportamento e as consequências dele. Isto é, se ele não fizer a lição, é de esperar que venha a sofrer as sanções que a escola impõe; se a lição contém erros, espera-se que sejam corrigidos e comentados. Mas, se a lição não é cobrada pelo professor ou se a mãe fizer a lição por ele, a única aptidão que se desenvolve é uma visão cínica com relação à escola e uma atitude de abuso para com a mãe.)

Quando foi a última reunião de pais a que você compareceu? Você acha essas reuniões interessantes? Já conversou com a professora sobre a maneira de tornar as reuniões mais interessantes? Você sabe de alguma dificuldade específica (de estudos ou de relacionamento) que seu filho está enfrentando na escola? Ele pediu sua ajuda?

A escola e pais separados

O relacionamento da escola com casais separados pode ser ainda mais complicado. Em separações rancorosas (ainda que não necessariamente litigiosas), o ex-casal pode transformar qualquer episódio em problema. Se um dos dois puser na cabeça que a escola foi escolhida só pelo outro, fará de tudo para sabotar os esforços da escola para resolver em conjunto os problemas do filho.

A escola pode ajudar, dando aos pais (a ambos!) informações pertinentes sobre eventuais mudanças de comportamento ou de aproveitamento do aluno, dentro e fora da sala de aula, sempre com o cuidado de enviar todas as comunicações diretamente (e separadamente) ao pai e à mãe, reafirmando assim que reconhece ambos como responsáveis pela formação da criança. A escola não deve fazer da criança a portadora de cobranças, nem insistir com ela quanto à presença de um ou ambos os pais a reuniões, para poupá-la do constrangimento por uma situação sobre a qual ela tem pouco ou nenhum poder.

Mas os pais não podem esperar que a escola dê uma atenção individualizada a todas as famílias. A escola cuida de normas de convivência dentro de seus muros, e olhe lá! A maioria não consegue sequer cuidar do relacionamento entre professores e alunos, nem entre os alunos nem entre os professores.

Pais separados: duas casas, dois regulamentos

Adolescentes de pais separados frequentam duas casas que podem ter cotidianos diferentes e, assim, têm de lidar com duas famílias com padrões diferentes. Têm, sobretudo, que lidar com um duplo comando que pode chegar a extremos — numa casa, o jovem só come comida saudável e aprende que deve dormir cedo, enquanto na outra come muita pizza e sanduíche e pode ficar acordado até o sol nascer.

Os pais se angustiam com essa situação, mas ela não representa necessariamente um problema para os adolescentes, que aprendem rápido a se adaptar ao fato de ambientes diferentes terem regras diferentes. Afinal, há muito eles sabem que as normas da escola e as normas das casas das avós são diferentes das normas da casa dele. Se não houver uma competição para demonstrar que as normas de uma das casas são melhores (ou, pior: as únicas boas), a situação pode até ser útil para ensinar o jovem desde cedo a adequar seu comportamento a diferentes situações.

Indicação de filme

Um bom filme para exemplificar o tema é o 5× *favela, agora por nós mesmos,* de 2010, em especial a história *Fonte de renda*. Documentário formado por cinco histórias independentes que refletem as múltiplas faces do cotidiano dos moradores das favelas.

Educar não é (só) sofrimento!

Quando você era adolescente, sonhava em ter filhos? Seus filhos reais se parecem com os que você gostaria de ter?

Você foi um bom filho? Seus pais concordam com sua avaliação?

Criar filhos é fascinante. Mas educar não é para covardes nem para preguiçosos. É preciso ter coragem para exercer bem uma atividade sem intervalo nem férias, e que exige disposição para conflitos ou confrontos. Há que ser corajoso para enfrentar o aluno em sala de aula, a criança em casa. É preciso dizer e sustentar o "não". Não se pode ter preguiça de defender um ponto de vista. Também é preciso estar atento, acompanhar sempre, participar. Há que tolerar a inevitável sensação de fracasso que tantas vezes acompanha esse processo.

Abrir mão da ilusão de onipotência é condição indispensável para preencher melhor o espaço do possível, em vez de lamentar o que não se consegue.

O que é um bom pai?

Não dá para saber como os filhos vão interpretar ou incorporar o que receberam dos pais. Atitudes que para uns significam cuidado, para outros é invasão; o que alguns interpretam como respeito à liberdade para outros representa abandono e pouco caso. Mais tarde, os filhos certamente vão reclamar, qualquer que seja a educação recebida. Os pais poderão se defender, dizendo que fizeram tudo o que podiam, como podiam, a partir da bagagem que tinham — e com a melhor das intenções. E a defesa dos pais é quase sempre verdadeira. No meu trabalho com famílias, já encontrei pais desajeitados, pais preguiçosos e até covardes. Mas nunca, nos mais de trinta anos de experiência, conheci algum pai que não fosse bem-intencionado.

Não há receita para ser bom pai ou boa mãe, mas alguns atributos favorecem a boa formação dos filhos, como: poucas projeções ("Meu filho terá tudo o que não tive" é um exemplo do que não presta), pouca idealização (não fazer como a mãe da Branca de Neve, por exemplo, que tinha em mente o modelo exato de como queria que sua filha fosse — e deu no que todos sabemos). Inventar que o filho será de um jeito predeterminado é o melhor caminho para virar madrasta/bruxa quando ele começar a ser diferente do imaginário dos pais, o que fatalmente ocorrerá.

Paciência, tolerância, bons olhos e, principalmente, bons ouvidos ajudam bastante. Mas o mais importante é desenvolver a capacidade de abdicar do desejo de perfeição, para admitir que o filho tenha, como os pais, dificuldades e fraquezas.

É preciso não confundir amor incondicional com aprovação irrestrita, pois amar um filho sempre, quaisquer que sejam as condições, não significa aprovar qualquer besteira que o jovem fizer.

Por mais que os especialistas insistam na importância do diálogo, da boa comunicação entre pais e filhos, é óbvio que ninguém se comunica bem o tempo inteiro. O diálogo muitas vezes é um monólogo disfarçado. Mesmo os pais mais pacientes podem se exaltar — e é importante que o filho perceba que os pais também têm limites. Às vezes é mais importante ser subjetivo do que objetivo (desde que se reconheça que não se está sendo objetivo). Seja como for, o ingrediente mais importante é mesmo a tolerância à frustração (a própria e a do filho), pois o jovem precisa aprender que a frustração é parte da vida, não desvio de rota.

Dentre as funções que desempenhamos na vida, nenhuma é tão rica, multifacetada e impossível quanto criar filhos. Carregado de mitos e expectativas incompatíveis, nenhum outro papel oferece tantos desafios e surpresas como esse. Mas deve haver, codificada nos genes ou nos arquétipos, alguma sabedoria suficiente para garantir a sobrevivência do filhote humano, apesar da inevitável falta de jeito e inexperiência de mães e pais — caso contrário, nossa espécie não teria chegado até aqui.

O pai atual tem as vantagens e as desvantagens de exercer uma função nova, de uma maneira que seus pais e avôs não experimentaram. Se lhe faltam o exemplo e o modelo, o que o deixa inseguro, sobra-lhe liberdade para encontrar o seu jeito de ser pai, com a prerrogativa, inclusive, de ser um pai diferente para cada um dos seus filhos. Mas a mãe... Há tal quantidade de mitos e estereótipos a respeito da maternidade que uma mãe de primeira viagem fica perdida ao tentar corresponder às expectativas sobre o seu desempenho, expressas em frases bombásticas como "maior que o universo é o coração de mãe" ou "ser mãe é padecer no paraíso".

Ora, os sentimentos de um casal diante de um filho dependem da história desses adultos com seus próprios pais e do relacionamento do casal que deu origem a essa criança. Dependem, sobretudo, das características de personalidade de todos os envolvidos: bebê, mães e pais do presente e do passado. Como seria possível seguir um modelo único, estereotipado e achatado?

É infinita a criatividade da vida para fabricar enredos que perturba o coração de mães e pais. A aflição provocada pelo choro do bebê vai ser substituída pela ansiedade de deixar o filho na escola no seu primeiro dia de aula, e depois pela preocupação com as notas no boletim e, antes que essa ansiedade desapareça, surgirá a angústia diante do primeiro namorado com pelo nas pernas e, junto com ele, as viagens de férias e o amigo com moto — e tantas outras situações que, a cada geração, mudam a roupagem com que se apresentam nas diversas fases de desenvolvimento dos filhos, sempre provocando emoções difíceis.

Quem ensina um homem a ser pai?

Até pouco tempo, os filhotes humanos conviviam exclusivamente com mulheres desde o nascimento até a adolescência. Os bebês eram cercados por mães, avós, tias, madrinhas; depois, as crianças conviviam com vizinhas, professoras, diretora, orientadora. Os homens só apareciam na adolescência, quando os pais eram chamados para conversas "de homem para homem".

Essa situação criou uma desigualdade entre o desenvolvimento masculino e o feminino. Uma menina podia aprender a ser mulher a partir de inúmeras figuras femininas, mas um menino precisava aprender a ser homem pelo avesso, sabendo que tudo aquilo que o cercava era "não homem" — e com esse antimodelo era composta a figura masculina. O menino aprendia que expressar emoções era coisa de mulher, que lidar com crianças é prerrogativa (e obrigação) de mulheres. Em muitas famílias a relação entre o pai e os filhos era mediada pela mãe, que funcionava como uma espécie de tradutora/intérprete, numa dinâmica em que todos saíam perdendo: o pai e os filhos, dependentes dessa intermediária, perdiam a possibilidade de se conhecer, e a mulher ficava esfolada dos dois lados, pois tendia a defender o pai diante do filho e a advogar a causa do filho junto ao companheiro.

Esse quadro está mudando, graças à inserção da mulher no mercado de trabalho e à aproximação do homem do universo doméstico. Em comparação com as famílias de cinquenta anos atrás, há hoje uma simetria maior do casal e entre pais e filhos. Com isso, os pais estão mais próximos de seus filhos do que seus pais e avôs jamais estiveram.

O processo não se dá sem percalços. Em alguns casos encontramos, com uma mudança de cenário, as mesmas disputas que se deram entre homens e mulheres quando elas vieram a ocupar um lugar no mercado de trabalho e depararam com um mundo pautado por normas masculinas. Hoje, o mundo do trabalho já reflete a influência das mulheres que o habitam: muitas empresas abrigam berçários e creches, e admitem horários flexíveis para que as mães conciliem as exigências do trabalho com as demandas dos filhos.

Os homens que se dispõem a conquistar o ambiente doméstico vivem problema semelhante. Os espaços da casa e os utensílios domésticos estão dimensionados para as mulheres — do mesmo modo que as ferramentas dos carros são feitas para uso dos homens, embora haja tantas mulheres quanto homens dirigindo veículos. As mulheres não aprenderam ainda a respeitar o lugar do companheiro. Emprestam-lhe um cantinho num território que continua sob o domínio delas e esperam deles a colaboração de um ajudante qualificado, disposto a cumprir tarefas conforme suas orientações e exigências. Os homens não aceitam simplesmente obedecer — pretendem uma participação integral e criativa, de acordo com seu ritmo e sua escala de prioridades.

Nenhuma mulher ensina um homem a ser pai. Um homem aprende a ser pai com o pai que ele teve e com os filhos que tem. As mulheres teriam boas surpresas se abrissem mão da crença de que só elas têm competência para cuidar dos filhos e aprendessem a conter a ansiedade e desviar o olhar quando um homem lida com seu filho (de qualquer idade).

É o único caminho para termos, na próxima geração, uma safra maior de pais participantes e competentes.

Nem só de sombras e aflições é feita a maternidade

Nossa cultura está impregnada da crença de que o valor de uma dádiva está no sacrifício necessário para alcançá-la, e em nome disso muitas vezes o prazer que uma relação proporciona é escamoteado ou escondido. Assim, as comadres de plantão têm pressa em comunicar à gestante que "depois que esse bebê nascer, você nunca mais terá uma noite de sono!". Mas ninguém conta o que significa ser acordada pelo choro do bebê e lembrar-se de que é o *seu* bebê que está chamando, e que basta o som da voz materna ("Está tudo bem, mamãe já vai") para acalmar a urgência do choro. Ninguém conta o valor de perceber a alegria com que o bebê, antes assustado, recebe a mãe que se aproxima do berço. Em que outra situação mais a vida vai oferecer uma experiência de um narcisismo assim legítimo, quando mais ela terá tamanha certeza do valor do que tem a oferecer?

Quem não se deixar paralisar pelas armadilhas da culpa e da idealização ficará mais livre para desfrutar dos prazeres e privilégios de viver a experiência de gerar e criar um ser humano.

Quero dar tudo para os meus filhos!

É importante que um filho tenha todas as suas necessidades atendidas, mas é um perigo levá-lo a acreditar que todos os seus desejos podem ser satisfeitos. Por isso, o esforço para evitar a frustração dos filhos a qualquer custo é, mais do que inútil, prejudicial à educação.

Prejudicial porque transmite a falsa noção de que a frustração é consequência de uma falha, e não parte inerente da bagagem humana. Uma pessoa sem tolerância à frustração seria incapaz de abrir mão de um prazer imediato, e não toleraria interromper uma brincadeira para fazer lição, não conseguiria seguir uma dieta nem fazer um tratamento médico penoso, dizer não às drogas etc. Seria, enfim, incompetente para atender as exigências da vida.

Como o desejo é ilimitado e a frustração é inevitável, não adianta fazer todos os sacrifícios para oferecer o brinquedo da hora, a roupa da moda, os programas do momento. A frustração virá, seja sob a forma do telefone que não toca (quando ele espera pela chamada da namorada), ou de qualquer situação importante cujo desfecho não depende do poder dos pais (e são tão poucos os que dependem, depois que eles crescem...).

A culpa é sempre dos pais!

Há uma diferença fundamental entre culpa e responsabilidade. Assumir sua parte de responsabilidade por um erro leva a procurar caminhos para corrigir a rota, mas a culpa gera paralisia, pois a necessidade de se penitenciar por ter falhado impede o acesso aos caminhos da reparação. Os bons educadores sabem que o erro é parte do processo de aprendizagem. Quem não pode errar não pode aprender.

O sentimento de culpa tem a medida exata da fantasia de onipotência — os seres infinitamente poderosos têm condições para fazer tudo perfeito e, se não o fazem, é por negligência ou distração e, portanto, têm mesmo que se sentir infinitamente culpados. Mas isso é assunto dos deuses, olímpicos e imortais. Os reles mortais como nós, falíveis e vulneráveis, só podemos fazer o máximo para não errar.

Como se não bastassem as tarefas que a vida impõe — e que as mães se obrigam a executar à perfeição — há ainda a proibição de que elas sintam algumas das emoções do repertório de todos os seres humanos. Como se fosse possível legislar sobre os sentimentos, declara-se inadmissível que as mães sintam raiva, inveja, mágoa e outros afetos sombrios. Nem a gestante escapa desse decreto cruel. Sob pena de envenenar o feto — e numa solene ignorância do poder protetor da placenta — ela está proibida de ficar triste, ou de ter momentos de angústia diante da tarefa de gerar, nutrir e criar um filho.

Ninguém se torna uma mãe menos adequada por admitir para si mesma que, às vezes, fica arrependida de ter tido um filho. As mães têm até o direito de sentir vontade de agarrar a criança pelos cabelos e de jogá-la pela janela, desde que não tentem transformar essa vontade em ação. Por mais que a mãe ame os filhos, sempre haverá momentos em que ela se perguntará onde estava com a cabeça quando entrou nesse enredo. É assim com todas as mães. Os sentimentos não ferem ninguém, o que fere são as palavras e as ações.

Felizmente, a mãe não é a única pessoa importante na vida do filho. A arrogância é má conselheira. Não é preciso chegar à beira de um ataque de nervos para pedir e aceitar ajuda. O pai e os avós podem ser excelentes aliados, desde que sejam recebidos e tratados como parceiros, não como assistentes sem qualificações. Em geral, as mães abrem mão de uma parte do trabalho, mas não do poder — querem apenas alguém que execute as tarefas determinadas por elas, no momento e da maneira que decidirem. Dificilmente pais e avós se contentam com o papel de coadjuvantes que as mães lhes concedem.

Melhor seria aprender a sair do foco dos holofotes, pois fatalmente a mãe terá de abandonar o posto de protagonista da vida dos filhos e passar a dividir a cena com amigos, namorados e até com os filhos que eles terão. Se não confiar nem no pai nem nos avós para cuidar da criança, como vai tolerar ser alijada por tantas novas parcerias?

Como saber se somos bons pais?

Educar é mesmo complicado. A gente inevitavelmente educa hoje usando princípios e parâmetros que aprendemos ontem, para ensinar a criança a enfrentar o mundo de amanhã. Só podemos ser inseguros. Ainda que tenhamos certeza de nossos valores, não podemos estar certos de que sempre sabemos o que é melhor para o outro. Não há mal na insegurança. Pais inseguros, com dúvidas e hesitações, são menos perigosos do que pais inflados por certezas e seguranças.

Das fraldas às camisinhas, do pediatra ao ginecologista, da orientadora da escola ao psicoterapeuta, levamos no olhar a mesma perplexidade, no coração a mesma angústia, nos braços a mesma impotência. Não podemos ter certezas absolutas, nunca seremos totalmente seguros. O melhor a fazer é seguir o impulso do coração, para podermos nos defender quando, mais tarde, o filho reclamar que não fizemos o que ele acha que deveríamos ter feito — que provavelmente será o contrário do que tivermos feito. Os que procuraram respeitar o espaço do filho serão acusados de abandono, enquanto os que não quiseram se omitir e se esforçaram por acompanhar todos os envolvimentos emocionais do filho serão chamados de controladores e repressores. Ao menos poderemos responder que fizemos o que podíamos e o que sabíamos. Mais do que isso, ninguém tem o direito de exigir.

A alegria faz parte da função

O mundo precisa de pais capazes de partilhar e apontar as alegrias da vida, não apenas os deveres, e também de transmitir a crença de que o prazer, além de possível, é desejável. Ajuda muito se os pais acreditarem que a vida é boa e, quando não, que é sempre possível torná-la mais tolerável com afeto e humor. Para isso, atividades alegres e gratificantes têm de arejar o cotidiano dos pais. O prazer não depende de grandes dádivas nem de conquistas transcendentais, está logo ali, na boa comida, no brinde com os amigos, no domingo de sol, no olhar da pessoa amada, no sorriso das crianças.

Todos os erros dos pais estarão reparados se os filhos puderem aprender com eles que viver é bom e que vale a pena crescer, tornar-se um adulto responsável e ter filhos — com toda a bagagem de emoções luminosas e sombrias que essa condição acarreta.